2018

城市警务研究

第四辑

张跃进 卜安淳 主编

中国人民公安大学出版社
·北 京·

图书在版编目（CIP）数据

2018 城市警务研究. 第四辑 / 张跃进, 卜安淳主编. -- 北京 : 中国人民公安大学出版社, 2018.11

ISBN 978-7-5653-3353-8

I.①2… II.①张… ②卜… III.①警察－工作－研究－中国 IV.①D631

中国版本图书馆 CIP 数据核字（2018）第 249797 号

2018 城市警务研究 第四辑

张跃进 卜安淳 主编

出版发行：中国人民公安大学出版社
地　　址：北京市西城区木樨地南里
经　　销：新华书店
邮政编码：100038
印　　刷：北京市科星印刷有限责任公司

版　　次：2018 年 11 月第 1 次
印　　次：2018 年 11 月第 1 次
印　　张：7
开　　本：787 毫米×1092 毫米 1/16
字　　数：141 千字

书　　号：ISBN 978-7-5653-3353-8
定　　价：28.00 元

网　　址：www.cppsup.com.cn www.porclub.com.cn
电子邮箱：zbs@cppsup.com zbs@cppsup.edu.cn

营销中心电话：010-83903254
读者服务部电话（门市）：010-83903257
警官读者俱乐部电话（网购、邮购）：010-83903253
公安业务分社电话：010-83905672

目 录

·城市安全管理·

·警察队伍建设·

·警务智库建设·

在习近平新时代中国特色社会主义思想指引下
——新时代新作为新篇章

江　海*

摘　要： 在习近平新时代中国特色社会主义思想指引下，苏州市公安局认真贯彻落实习近平总书记重要讲话精神，主动应对风险、改革破解难题、凝心聚力攻坚，有力推动了苏州公安事业的发展进步，打防质态实现新提升，公共安全监管取得新进展，科技强警实现新突破，执法服务呈现新亮点。2017 年，全市群众安全感、公安队伍建设满意度再创历史新高。2018 年苏州市明确公安工作的总任务，坚持以人民为中心，以勇当一流警队为目标，以深化公安改革为动力，以加快智慧警务建设为支撑，以打造法治公安、建设过硬队伍为保障，加快升级治安防控体系，全力推动公安工作高质量发展，为苏州市勇当“两个标杆”、落实“四个突出”、建设“四个名城”创造安全的政治环境、稳定的社会环境、公正的法治环境和优质的服务环境。围绕社会期待和民心所向，苏州市公安局在“打”与“防”、服务民生、队伍建设、科技强警和深化公安改革等各层面全面推进公安工作，开创苏州公安的新时代新作为新篇章。

关键词： 新时代中国特色社会主义思想　公安改革　苏州市公安局

2017 年 5 月 19 日，习近平总书记亲切会见全国公安系统英雄模范立功集体表彰大会代表并发表重要讲话，对公安工作提出了“对党忠诚、服务人民、执法公正、纪律严明”的“四句话、十六字”总要求。在习近平总书记“5•19”重要讲话发表一周年之际，苏州市公安局在习近平新时代中国特色社会主义思想指引下，深入贯彻落实“四句话、十六字”总要求，按照公安部党委部署，积极适应新时代、主动顺应新变化，推出了一系列维护国家安全和社会稳定、服务经济社会发展的新举措，并取得了新成效，展现了谱写深化平安中国、法治中国建设新篇章的新作为。

---

* 江海，江苏省苏州市副市长，苏州市公安局局长。

一、苏州市公安局在贯彻落实习近平总书记重要讲话精神方面的举措和成效

习近平总书记的讲话饱含着对广大公安民警的深切关怀，寄托着对人民公安事业的殷切期望，是对全国广大公安民警的莫大鼓舞和激励鞭策。习近平总书记对公安工作提出的“对党忠诚、服务人民、执法公正、纪律严明”“四句话、十六字”总要求，是公安机关建警治警的总方略、全体民警立警从警的座右铭。一年来，苏州市公安局坚持以习近平新时代中国特色社会主义思想为指导，深入学习贯彻习近平总书记“5•19”重要讲话精神，通过党委中心组学习会、理论学习日、专题研讨会等多种形式，广泛学习讨论，切实把精神实质传达到基层所队，传达到每一位民警和警务辅助人员；在苏州全市公安机关各级党组织中开展“学讲话、悟初心”主题党日活动；邀请省市宣讲团、专家学者作宣讲辅导，帮助广大民警拓宽学习视野，增强理论自信。

日常工作中，苏州市公安局在全市公安机关组织部署了“践行习近平新时代中国特色社会主义思想”大学习活动，逐步把学习教育引向深入；苏州市公安局还在公安网、微警务等开设学习专栏，为民警搭建学习交流平台，并开展专题学习讨论、征文演讲比赛、知识竞赛等活动，推动学习入脑入心。按照公安部部署，在苏州市委市政府和江苏省公安厅的坚强领导下，苏州市公安局主动应对风险、改革破解难题、凝心聚力攻坚，有力推动了苏州公安事业的发展进步，有效维护了全市社会大局平安稳定。2017 年，全市群众安全感、公安队伍建设满意度再创历史新高。

一是打防质态实现新提升。苏州全市公安机关坚持联动融合、多元共治，创新安保合成机制，圆满完成了一系列重大安保任务。2017 年全市违法犯罪警情、刑事发案数同比分别下降了 3.2% 和 12.9%；涉众型经济案件、环食药刑事案件和电信网络诈骗案件破案数同比分别上升了 68.3%、73.8% 和 38.1%，“苏州反电诈保平安”的经验做法亮相电视纪录片《辉煌中国》。

二是公共安全监管取得新进展。2017 年，苏州全市没有发生一起重大公共安全事故，全年 794 场次大型活动安全有序。重特大交通事故得到全面遏制，事故数实现“五连降”；公共交通、轨道交通安全监管有力有效，未发生较大以上公共交通事故；危险化学品生产、储存和运输连续十年零事故。

三是科技强警实现新突破。苏州市公安局大力推进苏州公安“警务大脑”建设，持续深化智慧交通等重点项目建设；电子数据检验鉴定实验室通过国家认可委评审。2017 年，苏州市公安局获得江苏省公安厅科技强警奖励项目总数和一等奖项目数均居江苏省第一，“DNA 数据共享系统”荣获公安部科学技术一等奖。

四是执法服务呈现新亮点。苏州全市公安机关执法质量考评成绩继续处于全省

第一方阵。建设推广的“苏州公安微警务”集成了106项民生功能，公安行政管理“应上尽上”事项在线办理占比达93%。一年来，苏州市公安局持续深化公安车驾管、出入境等“放管服”改革，创造条件在浦东、虹桥国际机场为在苏企业外籍员工开辟口岸签证紧急通道；异地办理居民身份证40.7万余张，居江苏省第一。

二、苏州市公安局深入贯彻落实“四句话、十六字”总要求，在公安工作和队伍建设上的总体思路

2018年是贯彻党的十九大精神的开局之年，做好公安工作责任重大、意义重大。党的十九大胜利闭幕后，苏州全市公安机关围绕“四句话、十六字”总要求，认真组织开展“大宣讲、大调研、大督查”等活动，形成了“六个准确把握、六个更加强调”总体思路和“5+5+5”基本框架。

“六个准确把握、六个更加强调”总体思路，一是准确把握我国社会主要矛盾的历史性变化，更加强调运用系统化思维、把握规律性特点；二是准确把握决胜全面建成小康社会三大攻坚战的重大部署，更加强调增强忧患意识、强化目标指向；三是准确把握加强和创新社会治理的最新要求，更加强调联动融合、多元共治；四是准确把握新时代全面依法治国的重大方略，更加强调规范执法用法、推动公平正义；五是准确把握实施大数据战略的重大机遇，更加强调向科技要警力、向信息化要战斗力；六是准确把握全面从严治党的根本要求，更加强调对党忠诚之魂、务实担当之责。

“5+5+5”基本框架，即确立“五大理念”、聚焦“五大目标”、做优“五大路径”，旨在工作理念、警务策略、方法手段方面求突破、促提升，引领苏州公安不断创新发展。“五大理念”，即警务策略更加注重事先防范，工作方式更加注重精细化管理，勤务模式更加注重共建共治，治理手段更加注重法治路径，支撑保障更加注重队建创新。“五大目标”，即打造反恐防恐新高地，拓展维护稳定新机制，增强公共安全厚实度，提升道路交通保畅力，构建动态巡防新格局。“五大路径”，即升级智慧警务，拓展网格联动，推进依法治理，优化勤务机制，建设创新警队。

在此基础上，苏州市公安局明确了2018年公安工作的总任务：坚持以习近平新时代中国特色社会主义思想为指导，全面贯彻党的十九大精神，牢牢把握“四句话、十六字”总要求，根据中央政法工作会议、全国公安厅局长会议、全省公安工作会议和市委十二届五次全会的部署要求，坚持以人民为中心，以勇当一流警队为目标，以深化公安改革为动力，以加快智慧警务建设为支撑，以打造法治公安、建设过硬队伍为保障，加快升级治安防控体系，全力推动公安工作高质量发展，为实现勇当“两个标杆”、落实“四个突出”、建设“四个名城”目标要求创造安全的政治环境、稳定的社会环境、公正的法治环境和优质的服务环境。

三、围绕社会期待和民心所向，苏州市公安局推进公安工作的实践路径

苏州市公安局围绕社会期待和民心所向，扎实稳步推进公安工作。

（一）在“打”与“防”方面

围绕“打”，在巩固对传统犯罪打击优势的基础上，将打击重心向影响群众安全感、满意度的突出犯罪、新型犯罪转移。特别是要以扫黑除恶专项斗争为牵引，充分发挥公安机关的主力军作用，严厉打击设赌诈骗、贩卖毒品、“套路贷”等违法犯罪活动，排查整治群众反映强烈的突出治安问题和治安混乱地区。

围绕“防”，就是要进一步筑牢“核心区”“环市区”“全市域”多道防控圈，加快构建反应迅速、行动有力的动态巡防格局，努力实现“3 分钟响应出击、5 分钟现场处警、15 分钟区域支援、30 分钟全市合围”的动态巡防目标。

（二）在服务民生方面

苏州市公安局将坚持以优化服务管理为取向，全面提升群众满意度。大力构建“1+N”公安行政服务管理体系，“1”是指一个部门统抓政务服务事项管理、服务质量控制、民意诉求回访等工作；“N”是指相关部门按职联办，做到一个部门对外、多个部门支撑。在具体工作上，要推进“一微一全一张网”建设，推动“网上办、不见面”工作落地见效。

“一微”，是指公安微警务集群，要进一步增加微警务服务事项，今年交警部门将增加 14 项惠民服务，其他警种也将开通更多的“掌上办”事项。

“一全”，是指民意全访评系统，对公安实体窗口、各类网上办事进行满意度访评，加强监测分析和质量控制，更好地服务人民群众。

“一张网”，是指将公安行政服务管理事项融入省政务服务网，按照“网上受理、同步审批、限时办结”的原则，建立公安机关内部联审工作机制，最大限度地压缩审批时限，真正实现“网上办、不见面、最简便”目标。

（三）在队伍建设方面

苏州市公安局坚持以定规矩、挖潜能为重点，打造一支忠诚干净担当的警队。苏州市公安局以江苏省公安厅部署的政治工作创新工程、全警实战训练工程、专业力量建设工程、新时代廉洁警队建设工程和新型警营文化培育工程建设为载体和抓手，大力推进公安队伍正规化、专业化、职业化建设。

目前，苏州市公安局正在深入推进“两学一做”学习教育常态化制度化，坚持不懈地用习近平新时代中国特色社会主义思想武装全警，增强“四个意识”，坚定“四个自信”，努力使全警在政治思想素质上有较大提升。同时，苏州市公安局将 2018

年确定为全市公安机关纪律作风建设年，旨在通过制定苏州公安管理规则，健全内控管理机制，强化日常行为准则，提升警队形象，增强实战能力。

2018年3月1日，苏州市公安局召开全市公安工作重点项目发布会，对年度重点工作进行细化分解，发布了2018年全市公安工作重点项目推进计划，确定了16个局长项目、66个部门长项目和41个板块项目，这123个重点项目涵盖了公安工作的各个方面，市局党委和各局领导、各板块主要领导及各部门长互签了责任书，逐项明确责任分工、目标要求、主要措施和序时进度，实现项目化管理。

为确保各重点项目落地实施，苏州市公安局还采取了“三个一”机制加强督导推进，即分管局领导每月调度一次项目推进情况，市公安局党委每季度集中听取一次项目进展情况，市公安局每半年组织一次重点项目实地观摩。市公安局办公室制定重点项目跟踪督查机制，加强过程监管和质态评估，定期通报进展，及时纠偏校正，确保项目顺利推进。

（四）在科技强警方面

“打造数据警务、做强警务大脑、建设智慧公安”是2018年全市公安机关的重头戏。苏州市公安局按照公安部、江苏省公安厅的部署要求，以实战需求为引领，数据整合为核心，便捷操作为关键，应用出效为根本，全面推进智慧警务建设应用工作。

结合江苏省统一部署开展的“智慧警务”攻坚行动，以“警务大脑”为支撑，以“智慧应用”为手段，启动苏州版的智慧警务建设，把公安大数据战略真正落到实处，实现以机器换人力、以智能增效能，最大限度地释放警力、提高公安机关核心战斗力。前不久，苏州市公安局刚刚举行了智慧警务深度发布会，介绍了苏州智慧警务建设背景、目标理念、总体规划、框架体系等，向全社会发出了苏州公安智慧警务建设的强烈信号。

在建设过程中，苏州市公安局坚持以整合系统资源为抓手，持续推动警务效能大释放。截至目前，网格化应用、纵横工程、视频应用等多项建设成果已在全警推广，并取得了显著成效。2017年，累计抓获各类嫌疑人1867名，破获案件3164起；微警务注册用户突破240万，完成车驾管业务15万余笔，累计受理群众服务诉求2600余万次。

为让建设成果更加符合实战需要、民警期待，苏州市公安局还推进实施了“众筹汇智”计划，建设“苏警创客”中心和联合创新实验室，激发全警创新活力，让国内最新科技成果率先在苏州公安落地应用，全力打造苏州公安科技信息化建设的创新生态圈。

（五）在深化公安改革方面

2018年，苏州市公安局将坚持以深化公安改革为动力，以更大的智慧和勇气努力探索实践，持续提升警务运行质量。

1. 在打击犯罪方面，苏州市公安局将建好用好“四个中心”，即刑事情报研判中心、视频侦控中心、反诈骗中心、合成作战中心；健全完善“四项机制”，即健全区域协作联动机制、警种合成作战机制、所队协助破案机制、侦审衔接工作机制。

2. 在公共安全监管方面，苏州市公安局将坚持强化重点监管，坚决守牢公共安全红线。一是强化出租房屋安全监管，牵头制定出台相关管理条例，会同住建部门推进“租赁房屋信息服务和监管平台”建设。二是强化道路交通安全监管，全面推进智慧交通建设，力争全市道路交通事故伤亡人数持续下降，道路交通通行率明显提升。三是强化消防安全监管，提升预测预警能力，努力从源头上减少火灾隐患。四是强化单位内部安全监管，大力推动平安校园、平安医院、平安公交、平安轨道交通等系列平安创建活动。五是强化新业态安全监管，严格落实收寄验视和实名收寄两项监管措施。

3. 在规范执法方面，苏州市公安局将创建规范执法新样板，突出抓好六项工作：一是打造标准化执法管理体系；二是探索建设区域性集中办案中心；三是提升专业办案水平；四是实行执法管理法制派驻制度；五是完善执法保障制度；六是广泛开展法治宣传教育。

4. 在公安“放管服”改革方面，苏州市公安局将在充分用好基层所队窗口、车管分中心、政务服务中心公安窗口的基础上，大力推广各类自助服务，将服务触角更多地向邮政、银行、医院、社区等社会化服务点延伸，打造好群众家门口的服务点，解决服务群众的“最后一公里”问题。

5. 在社会治理创新方面，苏州市公安局将通过联动融合、多元共治，着力推动网格化社会治理创新突破。其实在这方面，苏州已经打下了坚实的基础，网格化社会治理联动机制已初显成效，分流了38.94%的非警务警情，有效地减轻了基层负担。接下来，苏州市公安局要加快将治安要素嵌入网格的速度，建立促发联动、高效协同的工作机制，共同破解出租房屋、交通安全等社会治理难题，努力实现多赢共赢。

高质量平安建设和良性警务发展是怎么实现的

——常熟市警方十年警务战略管理成功实践的启示

张跃进*

摘　要：常熟市警务发展战略有力地促进了辖区高质量的平安建设，现代社会治理水平日益提高，各类突出的犯罪和治安问题能及时发现源头并进行处置，跳出了以运动式执法被动应对的怪圈，走出了一条经济发达、社会稳定、平安建设质量高和老百姓安居乐业的社会治理新道路。总结提炼常熟市警方推进平安建设和警务发展的基本经验，归根结底是因为十年来持之以恒地进行警务战略管理，着力做好以下六个方面的工作：第一，坚持以民为本和打基础、强实力、管长远不断推动事业健康发展的理念是其警务战略管理的思维取向，有效保障了警务发展战略始终沿着正确轨道运行；第二，“发案少、次序好、社会稳定、群众满意”及“四满意”是其警务发展战略始终追求的目标，有效引导了警务发展的方向；第三，“做优机关、做强专业队、做实派出所、做精社区警务”战略布局是其实现警务战略目标的主要策略，有效创新并提供了警务发展战略的实现路径；第四，以大数据规范工作流、以数据流检验和激活工作流的质量管理是其推进警务战略实施的主要措施，有效地推动了警务战略规划的落地到位；第五，基于警务大数据的过程性检验监测和合理的结果运用是其科学管用的绩效考核办法，有效地助推了警务战略规划的实现；第六，主要领导更替但始终坚守既定的警务战略规划是其良好的战略定力，这是警务发展战略得以真正实现的关键所在。

关键词：现代社会治理　警务发展战略　警务大数据

江苏省常熟市位于长三角核心区域，经济发展水平处于全国“百强”县前列，2017年全市GDP 2280亿元，公共财政收入191.8亿元。全市实有人口203.7万，其中，户籍人口 106.9万，外来人口 96.8万。由于经济发达、人财物流动性大，警务工作任务繁重和警力不够、资源不足的矛盾突出，常熟市的警务工作一度处于被动应付

* 张跃进，公安部公安发展战略研究所副所长，城市警务研究中心主任，《城市警务研究》主编。

的局面，影响了平安建设水平的提高和警务事业的发展。2008年以来，常熟市警方根据上级公安机关的部署要求，结合自身实际，围绕构建党委政府、上级机关、人民群众和警队同仁“四满意”的高质量平安建设目标，积极实施警务战略管理，连续十年矢志不渝地组织推进，使各项警务工作步入了良性发展的轨道，成绩斐然。一是各类社会矛盾连续十年稳步减少，群体性事件的预警率达 99%，超前化解率达 86%，没有发生一起造成重大社会不良影响的事件。二是刑事案件发案率连续十年稳步下降。刑事案件发案数从 2007年的 2.14万起，下降到现在的 8232起，降幅达 61.6%。三是侦查破案效率逐年提升。全部刑事案件破案率由十年前的 17%提升到现在的 41.6%，其中侵财型案件的破案率由十年前的不足 10%提升到现在的 39%，八类案件破案率已达到 96%，已连续五年实现命案全破。四是各类警情逐年减少。全市总警情十年来减少近一半，其中万名实有人口违法犯罪警情由十年前的 298起减少至现在的 147.8起。五是公众安全感和满意度逐年提高。已由十年前的不到 85%分别提高到现在的 97.2%和 98%。六是民警对警队事业的认同感和满意度不断增强。由于各项警务工作规范化常态化、各类警情特别是违法犯罪警情明显减少，加上科技手段的有效运用和执法管理勤务工作的科学安排，基层民警基本保证休息休假，90%以上的民警和警务辅助人员对警队事业发展充满热情，“快乐工作、幸福生活”成为现实。

常熟市警务发展战略有力地促进了辖区高质量的平安建设，不仅维稳、反恐和防范打击犯罪的能力越来越强，而且现代社会治理水平日益提高，各类突出的犯罪和治安问题能及时发现源头并进行处置，并跳出了以运动式执法被动应对的怪圈，走出了一条经济发达、社会稳定、平安建设质量高和老百姓安居乐业的社会治理新道路。总结提炼常熟市警方推进平安建设和警务发展的基本经验，归根结底是因为十年来持之以恒地进行警务战略管理。具体体现在以下六个方面。

一、坚持以民为本和打基础、强实力、管长远不断推动事业健康发展的理念是其警务战略管理的思维取向，有效保障了警务发展战略始终沿着正确轨道运行

警务战略管理，是指在科学的思维取向主导下，科学制定警务发展战略规划，并通过有力有效的实施，实现既定的战略愿景和目标，从而推动警务事业全面协调可持续发展的组织活动。其思维取向具有整体性、前瞻性、主动性和务实性的特点，它是对警务发展的系统性谋划，是对未来警务发展的整体构思，是各级公安机关的主动作为而不是被动行动， 是推动团队良性发展的务实之举。科学的警务发展战略往往是推动警队事业健康有序发展的有力抓手和载体。从这个意义上讲，有效的警务战略管理首先要有正确的思维取向，必须本着对于警队事业高度负责的态度，

善于发现和抓住战略机会，积极主动地构思，推动警务发展。

常熟市警方抓住公安部关于“三项建设”（即科技信息化建设、执法规范化建设和和谐警民关系建设）和“四化建设”（即警务基础化建设、勤务实战化建设、执法规范化建设和队伍正规化建设）决策部署的契机，结合自身发展实际，主动谋划和制定未来警务发展的战略规划，并狠抓组织推进。在制定警务发展战略、组织实施警务战略的过程中，始终秉承一切为了老百姓的安宁和一切为了长治久安的理念，以科学的思维取向指导和推进警务发展，始终聚焦打基础、强实力和管长远，而不是简单化和被动地理解和执行上级公安机关的决策部署，一味的期望不断提升警务工作绩效数字、盲目地“争先创优”。苏州警方追求的是老百姓真正感受到的平安，追求的是实打实的稳定，追求的是警队事业特别是基层基础建设和民警实力能力扎扎实实的提高，彻底摒弃了警务工作和警务发展单纯为了绩效考核“数字”好看、受领导表扬脸上有“面子”和名列前茅的“牌子”的政绩观。从而，其制定和实施的警务发展战略始终贯彻以人民为中心和全面协调可持续发展的思想理念，为警务战略发展确立了正确导向。

目前，一些地区的警方尽管也已意识到了警务战略管理的重要性，也在考虑制定警务发展战略规划并组织实施，但由于其主导战略发展的思维取向有偏差，因而制定和实施的警务发展战略与警务现代化建设的要求仍有差距。诸如，为了发案数、破案数和打击数等看得见数字的绩效“名列前茅”而组织实施警务发展战略，为了体现某个主要领导者主政期间的工作有“出色”的表现而组织实施警务发展战略，以及为了体现本单位有亮点、有特色和争先创优而组织实施警务发展战略，等等。这些都是对警务战略管理的认知有偏差，而且在这样的思维取向主导下的警务战略很可能偏离正确的发展轨道，要学习常熟市警方坚持以民为本和打基础、强实力、管长远不断推动事业健康发展的思维取向。

二、“发案少、次序好、社会稳定、群众满意”及“四满意”是其警务发展战略始终追求的目标，有效引导了警务发展的方向

警务战略目标是经过一个较长时期的努力实现预期想要达到的理想状况，科学的战略目标的最大特点在于它能明白无误地导向团队未来的长远发展，而不是追求一时一事的数字指标，或急功近利，片面追求眼前可见的利益。

常熟市警方始终把公安部提出的“发案少、次序好、社会稳定、群众满意”作为警务发展的战略目标，推动警务工作高质量发展。其在10年前制定的战略发展规划中，明确提出经过多年的扎实工作，要做到警务现代化建设水平明显提升，掌控和驾驭社会治安的能力明显增强，对各类社会矛盾问题及时预测预警、积极配合

党委政府和有关部门有效化解处置，维护社会稳定的能力明显增强；各类违法犯罪警情得到有效控制并逐年稳步下降，各类刑事犯罪案件特别是重大案件逐年稳步下降，社会治安防控能力明显增强；各类违法犯罪案件的侦查破案水平逐年提升，确保不发生恐怖事件，防范打击犯罪能力明显增强；有效促进地方经济社会发展，不断提升老百姓的安全感、满意度，服务保障经济发展能力明显增强；警务工作集约化、智能化、法治化和社会化水平不断提高，民警的工作强度逐步降低，警队的凝聚力、战斗力明显增强等。他们还把这些战略目标科学地概括为相互关联的“四满意”，即党委政府满意、上级公安机关满意、老百姓满意和警队同仁满意。明确提出实现“四满意”是一个不可分割的整体。在经过多年的努力达到了“发案少、次序好、社会稳定、群众满意”的目标后，得到了党委政府满意、上级公安机关满意和老百姓满意，但这是不够的，还必须不断减轻警队特别是基层民警的工作强度和压力，赢得广大基层民警和警务辅助人员的认可和满意。基层民警和警务辅助人员的工作强度越来越大、负荷越来越重，警队同仁不仅不会满意，警务工作和警务发展也将难以为继，这不仅不符合警务战略发展的要求，而且往往会影响和挫伤广大民警和警务辅助人员的积极性、能动性，警务工作和警队事业难以健康有序发展，必将会影响老百姓的安全感和满意度，并必然地影响到党委政府和上级公安机关的认可度和满意度。常熟市警方始终坚持努力实现上述科学的警务战略目标，确保了警务战略发展始终走在正确的发展轨道。

可见，警方在推进高质量的平安建设和警务发展的过程中，制定和确立正确的战略目标非常关键。这个战略目标既是上级部署要求的具体化，也是结合自身实际寻求自我发展的正确导向；既要有效地推动当前警务工作，也要有利于警务事业的长远发展；既要以实实在在的表现赢得党委政府、上级机关和老百姓的满意，也要得到广大民警和警务辅助人员的认可和支持。

三、“做优机关、做强专业队、做实派出所、做精社区警务”战略布局是其实现警务战略目标的主要策略，有效创新并提供了警务发展战略的实现路径

警务发展战略规划必须有效地实施才能体现其价值，而选择科学的战略重点和策略是确保警务战略规划顺利实施和有效推进的前提，也是其重要的实现路径。

常熟市警方在制定和实施警务发展战略过程中，对警务运行格局作了结构性改革，提出并实践了“四做”战略布局，即“做优机关、做强专业队、做实派出所、做精社区警务”。做优机关，就是在适当减少机关冗余人员的同时，强化机关的指导、服务和保障功能，把机关应该承担的职能做优；做强专业队，就是把维稳、反恐、处突和打击犯罪等专业警种的职能回归到专业队，并且运用现代科技装备手段和优

化建设相应机制，提升专业队的实战能力，提升处突维稳的效率和效能；做实派出所，就是做实派出所的矛盾化解、基础防范、治安管控和服务群众等基础性工作，并把各项基础工作及时形成准确鲜活的基础数据，为警务工作提供有力的数据支撑；做精社区警务，就是做精人口登记、信息采集、社区防范、矛盾纠纷调解等社区警务工作，保证基础信息数据全面准确和鲜活。这“四做”战略布局的关系是，通过做优机关、做强专业队来做优做强警务主业，为基层派出所和社区减负，确保做基层基础工作有警力、有精力；通过做实派出所和做精社区警务为做优做强警务主业提供必要的基础数据支撑，从而“反哺”机关、专业队工作，从而使整个警务工作形成良性发展的新格局。这样的警务战略布局和策略，比较有效地摆脱了以前警务改革单纯强调“精简机关、充实加强基层”的路径依赖，有效解决了“一刀切”地将机关、专业队的人员精减下沉，或者把本应由机关、专业队承担的职能下压给基层，使基层更加不堪重负的弊端；也比较好地解决了现行警务运行模式中警种部门仍然各自为政、合力不够，基层在繁重的警务任务压力下，没有警力和精力做基层基础工作，并导致警务大数据缺乏大量鲜活的基础性数据无法助力警务实战等不适应警务发展要求的问题。

由此可见，科学的警务布局和策略是推动警务发展战略得以有效实施的关键，是警务战略发展的必要保证，也是创新警务改革全面激化警队内部资源和最大可能提升警队效能的重大理论与实践课题。

四、以大数据规范工作流、以数据流检验和激活工作流的质量管理是推进警务战略实施的主要措施，有效地推动了警务战略规划的落地到位

再好的警务战略规划都只有落地实施才能显示其重要价值，而战略规划落地的路径选择又往往是战略实施的重要前提。只有采取与警务战略规划相匹配的对策措施，才能有效推动警务战略规划的实施到位。

常熟市警方组织实施警务发展战略的主要运作方式和措施包括：借助于警务大数据建设和运用的契机，采取以科技信息化手段加相应工作机制来规范各项警务工作和突出治安问题的治理，将维护稳定、防范打击犯罪、治安安全监管、服务经济保障民生等警务工作标准化、流程化和数据化，而且警务工作的每一个方面、每一项具体工作和每一个治安突出问题的预防处置都注重从基础做起、从源头抓起，各项警务工作及各个环节都按照规范运行并留下相应数据，警务工作的过程也成为数据采集的过程，自下而上形成各个环节公开透明的工作流和数据流，久而久之形成了容量越来越大、关联性越来越好、助力警务主业功能越来越强的数据库，他们称之为“情报池”。这种以警务质量管理来推进警务工作和警务发展的方法，不仅使

各项警务工作越来越规范，基层基础工作越来越扎实，执法规范化水平越来越高，维稳反恐、防范打击犯罪和治安管控等警务主业能力越来越强，而且警务工作的主动性越来越好，社会治安的掌控度越来越高，警队内部运行越来越科学有序，整体警务工作和警务发展呈现出“按标准办事”“凭数据说话” “靠机制运行”的良性发展格局。

实践证明，以科技信息化加机制的警务运作方式是解决警务治理中突出问题的重要路径，也是推动各项警务工作健康有序和高质量发展的重要手段。只有各项警务工作实现标准化、流程化和数据化的要求，以大数据来规范各级各警种部门和每一个岗位的执法勤务工作，并把工作流变成数据流，才能既确保了各环节工作到位，并不断积累大量的基础性警务数据，又促进各项警务工作健康有序开展和常态长效。

五、基于警务大数据的过程性检验监测和合理的结果运用是其科学管用的绩效考核办法，有效地助推了警务战略规划的实现

警务绩效考核，历来是左右警务工作有效开展和警务战略发展的重要课题，也是争论不休始终不得要领的难题。其核心的问题是，警务绩效考核究竟考什么和怎么考。实践证明，警务绩效考核是否科学合理不仅关乎警务工作的质量，而且也关系到警务发展战略的真正实现。

常熟市警方在警务绩效考核上的有效创新主要体现在以下三点：第一，明晰考核功能。即绩效考核主要是了解掌握警务发展战略的实施进度和质量，更多的是检验警务发展的质态，而不是考核具体某一项工作的刚性数字指标。十年来，他们始终没有下达诸如“发案数”“破案数”“破案率”“捕人数”等具体的刚性指标。第二，科学选择考核方式。主要是与以与科技信息化加机制来推进警务工作和警务发展的方式相匹配，借助大数据平台，对各项警务的各个环节、各个岗位和整个工作流程进行检验监测，突出过程性考核，淡化结果性数字，各类绩效数据自动生成。第三，合理运用考核结果。主要是对自动生成的各所队和每一位民警、警务辅助人员工作过程产生的积分情况，确定一定的比例，由高到低进行相应的褒奖，而且基本不搞平衡照顾和刻意“倾斜”，尽可能体现公平公正。常熟市警方基于警务大数据通过对各级、各单位和每一个民警、警务辅助人员的工作流程的检验监测并自动生成结果的绩效考核，以及科学合理地运用绩效考核结果，不仅有效推动了各项警务工作任务的完成，而且有力地促进了各项警务基础建设和警队实力能力的提升，更主要的是广大警队同仁确立了正确的政绩观，更加自觉和扎实有效地做好本职岗位工作，依法履职尽责，比较好地解决了以往由于不科学绩效考核带来的急功近利、工作漂浮和弄虚作假等弊端。

当前，警务绩效考核不科学的问题仍然制约着一些地方公安机关的警务战略发展，一些上级部门和警种仍然把公安主业甚至自己职责范围内的工作任务变成数字指标下达给基层，并突出结果性考核和考核结果的运用，导致基层单位和民警主要围绕上级的绩效指标转，主要警力和精力都用去“凑数字”“搞数字”“弄数字”，急功近利忙“绩效”，严重影响甚至削弱了基层基础建设，也是当前警务大数据建设和运用投入和产出严重不成比例的主要原因。因此，借鉴常熟市警方绩效考核的成功经验，大胆改革创新绩效考核方式，对于推动警务战略发展不仅很有必要而且非常迫切。

六、主要领导更替但始终坚守既定的警务战略规划是其良好的战略定力，这是警务发展战略得以真正实现的关键所在

习近平总书记一再强调，干事创业要有咬定青山不放松的定力，坚持一张蓝图绘到底、一任接着一任干，“功成不必在我，久久为功”。警务战略发展同样是这个道理。因为战略规划的实现需要经过一定的时间和阶段，一个好的战略规划只有一任接着一任干才能实现，如果换一任主要领导就换一套思路、不断更换发展战略，这不仅不符合战略管理要求，而且必然使结果大打折扣甚至耽误了警务事业发展。

常熟市警方自 2008 年至今先后换了两任主要领导，十年前制定的警务发展战略已历经三任主要领导，但主要领导的更替并没有走“新官上任三把火”“另起炉灶”的老路，更没有随意改变既定的警务发展战略。后两任主要领导上任后，经过全面系统的调查研究后认为，前任制定和坚持的警务发展战略符合警务现代化发展思路，可以与时俱进适当作某些方面的微调，但没有必要做大的变动，更没有必要“另起炉灶”推倒重来。因此，十年来，他们的主要精力不是在琢磨“出新”而是在抓推进强落实。这不仅体现了作为一个团队领导者正确的政绩观和开阔的胸襟，而且是对于警务发展规律的正确把握，也是对警务事业极大的负责。正是由于常熟市警方在推动警务发展战略中始终保持了良好的战略定力，从而确保了十年来全市的警务发展始终围绕打基础、强实力和管长远，始终努力地推动高质量平安建设和警务发展，各项警务工作不断稳步推进，各项警务基础建设越来越扎实，各类警务数据越积越多，日益体现出价值、发挥着重要作用。

因此，平安建设要高质量、警务发展要步入良性轨道，作为维护一方平安主力军的公安机关，必须更加自觉地运用战略管理办法来组织推进警务工作，推动警务事业的健康有序发展。其中，最为关键的是每一位主要领导要有强烈的事业心和责任心，不仅要善思考善谋划，而且要矢志不渝地执行和落实好既定的警务发展战略，始终保持应有的战略定力。

对本溪公安实施民生警务战略的理解和认识

黄文彪*

摘 要：实施民生警务是新时代的新要求、新形势的新需求、新情况的新决策、新阶段的新传承，是本溪公安在新的历史时期的与时俱进。践行民生警务必将取得社会治安效应和社会政治效应的双赢，必将强力推动公安机关和公安工作的发展进步。民生警务以人民为中心，以民意为导向，以服务为宗旨，以群众满意为标准，以定制式警务为主要方式，加之以数字化、智能化等先进科技手段为标志，再汇聚起全国各地民本、民意、民生警务响亮的呼声，这将会是掀起“第五次警务革命”的一股“春风”。

关键词：民生警务 警务战略 本溪公安

2017年年底，本溪市公安局新的党委班子着眼于贯彻党的十九大精神，落实习近平总书记的总要求，立足于全市的平安稳定，回应人民群众对美好生活的向往和对公平正义的新期待，在广泛调研论证的基础上，决定在全市实施平安本溪“民生警务”战略。新的科学理念的形成、新的警务模式的创立，一定是站在时代前列和思想高地的结果。应该说，本溪市公安局党委实施“民生警务”战略，恰逢其时，应运而生。它必将强力推动本溪公安的自身建设和公安工作的跨越性发展，必将以其先进的思想理念和先进的警务模式，对整个公安工作产生重大影响。笔者作为本溪公安民生警务的参与者和见证者，谈谈对本溪公安实施民生警务战略的认识和理解。

一、民生警务的概念、内涵和理论根源

民生警务是个新事物，尚未有人提出明确的理论概念和其内涵。笔者认为，警务，指全部警察行为的总和。所谓民生警务，就是指以民为本的公安工作，是与人民群

* 黄文彪，辽宁省本溪市警察协会副会长。

众愿望和需求高度契合的新的警务模式，其既是一个公安理论，又是一种警务模式。“以人民为中心”是其核心和灵魂。

民生警务的内涵包含四个基本要义：一是以民众为根本。这是解决“我是谁，为了谁”的问题，要不忘初心，牢记使命，把人民的利益放在至高无上的地位，把实现好、维护好、发展好最广大人民群众的根本利益作为一切工作的出发点和落脚点。二是以民意为主导。以人民群众对公平、正义、平安、幸福的需求和愿望作为工作导向、决策方向，解决“干什么”的问题，体现以人民为中心的发展思想和人民群众当家做主的社会本质。三是以服务为宗旨。这是解决“怎么干”的问题。全心全意为人民服务是中国共产党的根本宗旨，也是公安机关的宗旨，怎样才能更好地体现这一宗旨？在发挥公安机关职能作用的过程中，特别要强调以下几点：第一，服务要有正确的立场。永远不要站在人民群众的对立面，否则根本谈不上服务。第二，服务要有正确的观念。服务是职能所在，是本质要求，不是额外赏赐。必须牢固树立这一观念。第三，服务要有真感情，要真正把人民群众当做亲人来对待，而不是敷衍了事，办事草率拖拉。第四，服务要有好态度。好话没有好声、好言没有好色是服务不好的。第五，服务要有好形象。人要精神，物要整洁，说话和气，办事公道。切不可杵倔横丧，以管人者自居。第六，服务要有真本事。人民群众需要你的时候，要能够体现出你的价值。第七，服务要有好方法。不仅是单纯地完成任务，要让百姓少跑腿，让信息多跑路，解决群众办事难的问题。第八，服务还要做一些力所能及的好事。拉近警民感情，积累无形资产。只有这样，才能充分发挥职能作用，才能更好地服务人民，服务社会。四是以满意为标准。这既是公安工作的价值取向，又是衡量工作的最高标准。把衡量公安工作的尺子交给群众，能够衡量出公安工作的好坏优劣，从而引领公安工作的前进方向。

确立一个新的理论后，找到其历史发展源流，会使其内涵更加坚实厚重。关于民生警务的思想理论，一是源于中国共产党全心全意为人民服务的宗旨。这一宗旨理论，既是民生警务的“源”，又是民生警务的“流”，是贯穿始终的根本理论。二是源于党的群众路线。党的群众路线是民生警务的理论根基。由于公安工作的特殊性，离开群众就会寸步难行。纵然有再好的理念、再好的装备，若离开群众也只不过是一架高速空转的机器。因此要相信群众，依靠群众，从群众中来，到群众中去。三是源于对公安机关及其人民警察最本质的要求。“人民警察”自从诞生那天起就冠以“人民”二字。这就要求我们在实践中真正做到人民公安为人民、人民警察为人民，这正是公安工作的本质所在。四是源于“以人民为中心”的思想。“以人民为中心”“人民至上”“为人民谋幸福”是党的一贯主张，是党的十九大和第十三届全国人民代表大会反复强调的思想理论。

这些坚实的理论基础构成了强大的思想武器，是实施民生警务战略的强力支撑。

公安机关以此不断地解决新形势下的新问题，使民生警务不断地完善并发展壮大。

二、民生警务的提出

实施民生警务不是无源之水，也不是心血来潮，而是本溪市公安局党委融合历史和现实，根据形势和任务的需要，审时度势，多重考量的结果。

第一，新时代的新要求。党的十九大报告指出，“中国特色社会主义进入了新的时代”。我国社会主要矛盾已经转变为人民日益增长的美好生活需要和不平衡不充分的发展之间的矛盾。习近平主席在第十三届全国人民代表大会上发出号召“我们决不能安于现状，贪图安逸，乐而忘忧，必须不忘初心、牢记使命、奋发有为，努力创造属于新时代的光辉业绩”。民生警务的实施，正是回应新时代的新要求，展现新时代的新作为。

第二，新形势的新需求。党的十九大报告中指出，“人民对美好生活需要日益广泛。不仅对物质文化生活提出了更高的要求，而且在民主、法治、公平、正义、安全、环境等方面的要求日益增长。”实施民生警务正是在新的形势下，从人民群众最关心、最期待的事情做起，回应人民群众的新需求，提升人民群众的获得感、幸福感、安全感。

第三，新情况的新决策。从本溪全市情况看，随着深化改革、经济转型、发展建设的不断加快，新老问题交织，各种矛盾叠加，维稳任务很重。新型犯罪呈现多发态势，给公安机关有效防范打击带来了空前压力。公共安全隐患难以根治，对社会治安构成较大威胁。公安工作面临新的挑战，保护好人民群众的生命财产安全，已成为公安机关一项重要的任务。从公安机关自身情况看：精准打击、严密防范、科学管理、队伍建设还有很大提升空间。对此，需要以新的警务理念和新的警务模式来解决问题，提升能力，促进发展。实施民生警务，就是抓住了问题的“牛鼻子”。

第四，新阶段的新传承。本溪公安历来就有改革创新、亲民惠民的光荣传统。二十年前，本溪公安改革创立了严格队伍管理、岗位实行双聘、成立督察队伍等诸多“全国第一”。并在当时就提出：群众满意是公安工作的最高标准。八年前，在全国率先提出民本警务，时任公安部部长孟建柱来本溪考察调研。而今实施民生警务，正是源于红色基因的一脉相承。这是在不同历史时段的与时俱进。

三、践行民生警务的意义、作用和特征

践行民生警务意义和作用主要体现在以下三个方面：

第一，必将取得社会治安效应和社会政治效应的双赢。由于民生警务的核心是

"以人民为中心"，得民心、顺民意，必然受到人民群众的拥戴。通过充分发挥职能作用，创造出稳定的政治环境、安定的治安环境、公正的执法环境，以及优质的服务环境。群众安居乐业和社会长治久安，不仅密切了警民关系，还密切了党和政府与群众的关系。在取得社会治安效益的同时，形成平安祥和的政治局面。没有一种执政的资源比民心更宝贵。

第二，必将强力推动公安机关、公安工作的发展进步。民生警务是以民意为主导的警务。由于广大人民群众对公安工作的需求和希望是多方面、多层次、多维度的，而且还在不断地发展变化。这就需要公安机关与时俱进，不断创新，倒逼公安机关和公安工作不断发展进步。

第三，将会是掀起"第五次警务革命"的一股"春风"。纵观世界警务的发展，历经四次警务革命。与前四次警务革命相比，民生警务无论是发展中心、决策方式，还是价值取向和功利标准，都彰显出自身的特质。民生警务以人民为中心，以民意为导向，以服务为宗旨，以群众满意为标准，以定制式警务为主要方式，加之以数字化、智能化等先进科技手段为标志，再汇聚起全国各地民本、民意、民生警务响亮的呼声，将会是掀起"第五次警务革命"的一股"春风"。本溪公安任重道远，本溪公安民警使命光荣。

一个成熟的理论需要有其特征。笔者认为，民生警务模式主要有以下五大特征：一是在工作决策上突出以人民为中心，以民意为主导；二是在职能发挥上始终把服务和保障民生作为永恒的主题；三是在执法理念上主张人性化执法；四是在绩效评估上把群众的安全感、获得感、满意度作为衡量工作的最高标准，作为功利方向和价值取向；五是在警务主体上延续治安工作社会化，把群众的参与和支持纳入警务运行的体系之中，实现共建共治共享；六是在警务风格上深化先发式警务，拓展社区警务，崇尚定制式警务。警务风格是处置犯罪和治安问题的整体策略。所谓定制式警务，就是按照群众的要求与社会的要求进行服务的警务模式，这是民生警务的精髓。

四、对民生警务实践的认识和理解

本溪公安民生警务理论和警务模式是共生共存的，是在实践中相互促进、不断发展完善的。民生警务模式的指导思想、目标任务、内容和机制是明确的，既以民生警务理念为统领，以七大警务工程（维稳保民工程、打击护民工程、整治安民工程、服务惠民工程、环保利民工程、畅通便民工程、规范为民工程）为支撑，以"四有"（有一支过硬公安队伍、有一个相应的机制体制、有一套科学的考核激励办法、有一套严格的巡察监督措施）为保障，以期一年见成效，两年大变样，三年大发展。

2018 年以来，本溪公安的民生警务实践取得了可喜的成效。队伍的精神面貌焕然一新，七大警务工程取得明显效果，维护社会稳定的能力明显提高，人民群众的满意度不断上升。上半年，全市刑事案件破案率同比上升 12.7%，侵财案件破案率上升 20.33%。刑事警情下降 5.9%，治安警情下降 8.6%。交通消防管理水平明显提升。全局群众投诉、公安信访案件一起都没发生。

本溪公安的民生警务从提出到实践的九个月时间里，好像一渠汩汩流淌的源头活水，显示出其强大的生命力。我们既看到了立竿见影的成效，又感到了久久为功的后劲。其中最令人振奋就是建立了扁平化指挥调度机制，它一下子就抓到了问题的关键，好像一把钥匙，轰然开启了民生警务战略的大门。在指挥中心的协调指挥下，市局当值领导对每一个警情都“一竿子插到底”，该立案的立案，该协调的协调。做到大案有人办，小案有人查，事事有人管。每案必须回访当事人，涉事群众满意度达到 100%。这一机制的建立得到了各级领导的肯定和广大群众的赞扬。笔者相信，它的积极意义还会随着时间的推移，不断地显现出来。

其实，民生警务只是一个新的警务模式，公安机关的职能和基本任务并没有变，其只是在履职观念、决策方式、价值取向上进行了改变。把握住这些根本性的东西，在实践中就不会偏离正确的轨道。

本溪公安实施民生警务战略只是拉开了一个序幕，民警的认知及适应能力正在努力提高。以民意为主导，获取民意的机制正在建立；以群众满意为标准，群众评价的机制正在探索。民生警务的理论需要进一步完善和升华，民生警务的模式需要进一步规范和系统，我们还有很长的路要走，还有许多工作要做。让我们高扬民生警务的旗帜，担当起新时代的新使命，展现新时期的新作为！

"警务治理现代化"视阈下我国交通共同体的构建*

朱金磊** 杨昌军***

摘　要：解决社会交通矛盾的根本方法就是改善交通活动中各个成员之间的关系，构建互为主体的和谐模式，使各个成员之间的关系趋向道德伦理中"善"的理想状态。交通共同体理念为"互为主体"的交通伦理模式及交通人际关系的发展与完善提供有力的理论依据和规范支撑。交通共同体是指以共同的交通活动为纽带，以共同的社会利益为基础，在追求通畅、有序、和谐、包容、安全等共同目标中形成的交通集合体，包括交通存在共同体、交通利益共同体和交通伦理共同体。交通共同体的构建有利于构筑"互为主体"的交通人际模式，有利于形成多主体协同合作的交通治理格局，有利于构建权利本位导向下的交通伦理体系，不仅有助于破解机动化社会下交通安全和交通拥堵等问题，同时对于促进道路交通"软文化"建设以及推动交通管理社会化改革具有重要的作用和价值。以国家治理现代化为背景，应在传承和创新、改革与实践、反思与重塑的基础上，尝试构建以"诚信""和谐""人本"为导向的现代交通文化价值体系。塑造"互为主体"的交通人际模式，建设以权利保护为核心的交通伦理体系，构筑多元协同合作的交通治理体系，需要相应的规范依据和文化支撑。

关键词：交通治理体系　交通共同体　交通伦理　公安交通管理

一、交通共同体的基本范畴

作为哲学范畴中的一个重要概念，"共同体"在不同的语境和话语体系中有着

---

*　本文是2018年中国法学会《"枫桥经验"理论总结和经验提升》专项委托课题"枫桥经验与中国社会治安综合治理模式及国际化"（CLS(2018)FQJYZX15）阶段性成果之一，亦属于中国人民公安大学2018年专项课题"新时代下派出所工作与基层社会治理的法治化"（2018XKQGLH10）阶段性成果。

**　朱金磊，中国人民公安大学公安管理学院博士研究生。

***　杨昌军，公安部公安发展战略研究所副所长，研究员，管理学博士。

不同的理解或认知，但身份认同、归属感以及共同目标往往视为“共同体”生成的基础要素。“通常而言，‘共同体’是基于共同的利益追求和身份认同，进而共同持有一种态度或立场的一类人的聚集体。”[1] 当代，共同体的概念逐渐突破传统学科的边界向崭新领域拓展，并在理念和实践的双向互动中形成了大量新兴的共同体，诸如职业共同体、伦理共同体、民主共同体以及资本共同体等。道路交通在社会与历史的发展变迁中，不断经受着源自政治、文化、经济、社会等领域的影响和塑造，特别是现代化背景下学识、理念以及价值观的凝聚和积淀，为机动化社会下交通共同体的形成和发展提供了必要的文化条件和生长环境。

交通共同体是指在道路交通领域中以共同的交通活动为纽带，以共同的社会利益为基础，在追求通畅、有序、和谐、包容、安全等共同目标中所形成的交通集合体。就结构层次而言，交通共同体的内容主要分为以下几个方面：第一，交通存在共同体，即人们通过汽车、地铁、自行车、步行等出行方式共同参与交通活动，并因对道路交通的共同关注而构成的社会共同体；第二，交通利益共同体。道路交通中的共同利益，即社会成员在交通活动中存在和发展的基本需求，它是交通共同体各成员之间制定共同目标、共同准则以及共同规范的前提和保障。由于成员离不开集体，部分离不开整体，因此各成员想要获取自身利益就需要与其他成员进行交流与合作，从而实现共同利益目标。交通共同体实质上是由个人利益向社会共同利益的转让和过渡，各成员通过实现社会的共同利益而保证个人对自身交通权利的满足。这种过渡将自律和他律相结合，实现了个人道德与社会需求相统一，并为解决交通活动中产生的各类矛盾问题提供了新的模式路径；第三，交通伦理共同体。交通伦理共同体即社会各成员以交通伦理为纽带，共同致力于实现交通活动中公平正义、权责平衡、和谐有序的社会共同体。机动化社会背景下的共同体不应只侧重利益和存在方面，而更应加强对交通伦理方面的关注，即通过伦理文化的影响来克服社会个体原子化下不断出现的自我主义误区。因此，交通伦理共同体的构建需要完善个人与社会整体之间的共生关系，通过交通共同体的伦理文化来加强社会各成员之间的尊重与协作，同时还需要以全体交通参与者的自觉行为来践行交通共同体中的思想理念和价值追求。

二、交通共同体的价值功能

与自然科学不同，公共管理问题的研究无法回避价值判断及其指导作用。交通共同体的内容是道路交通“软文化”建设及道路交通治理社会化问题，安全、和谐、

---

1 陆树程：《市民社会与当代伦理共同体的重建》，载《哲学研究》2003 年第 4 期，第 30-34 页。

有序、平等、共享等基本价值理念必须蕴含其中。可以说，交通共同体的提出，在理论上为“互为主体”的交通伦理模式及交通人际关系的发展与完善提供了必要的规范依据和道德支撑；在制度层面上，有助于从权利主导走向权利平等，让社会公众充分享有平等自由的路权，并在“公民权利—政府义务”关系理论基础上形成以权利保护为核心的交通伦理体系；在交通实践领域，对于解决交通管理者和交通参与者的矛盾和冲突具有重要的作用和价值，其不仅有助于发挥政府在交通共同体治理中的主导作用以及企业及其他社会组织的协同作用，而且还有利于引导个体积极参与交通管理与决策，进而形成多元主体共同参与的道路交通治理体系。

首先，有利于构筑“互为主体”的交通人际模式。人的实质是所有社会关系的总和，不是形单影只的抽象物。人类社会是在“一个在另一个中的自我把握”互动关系基础上建立的，当一个个体与其他个体互为关联时，他才是真正自由的。[1] 海德格尔提出，每个个体与其他个体的存在属于一种“共在”状态，在实质上互为关联。萨特也指出，每个个体通常存在于某类“情况”下，人存于世必须应付各种人的存在。同时，他通过笛卡尔“我思故我在”的思路，认为不仅可以从“我思”推出“我在”，而且也可以推出“他在”。因此，就当代哲学理论而言，个体与他人的关系是一种互为主体的关系而不是主客体的关系。

现阶段许多社会交通冲突产生的主要原因就是交通活动的参与个体缺少交通共同体理念，以自身利益为核心，一味地考虑自我。当持有自我中心主义的个体进入社会交通活动中，难免会以牺牲他人利益来达到自己的通行目的，而不会将其他个体视为同样具备独立自由权利的主体。因此，交通违章、道路冲突、肇事逃逸、侵害他人路权等事件层出不穷。可以说，解决社会交通矛盾的根本方法就是改善交通活动中各个成员之间的关系，构建互为主体的和谐模式，使各个成员之间的关系趋向道德伦理中“善”的理想状态。交通共同体理念则为“互为主体”的交通伦理模式以及交通人际关系的发展完善提供了有力的理论依据和规范支撑。对于交通共同体而言，其旨在实现交通行为人的交通权利平等，即将他人视为与自己一样都是在交通通行过程中实现交通目的的个体，都是以相同的时间效率来实现自己空间方位的转化，以及同样希望拥有安全、便捷、快速的交通系统的社会共同体。

其次，有利于形成多主体协同合作的交通治理格局。交通共同体理念的提出，不仅有助于发挥政府在交通共同体治理中的主导作用以及企业及其他社会组织的协同作用，而且有利于引导公众个体积极参与交通管理与决策，进而形成多元主体共同参与的道路交通治理体系。申言之，一方面，交通共同体理念有助于促进社会公众在交通决策制定和管理中的全面参与。交通共同体理念的提出，可以有效改善以

1 陆树程：《论敬畏生命与生命伦理共同体》，载《道德与文明》2009 年第 1 期，第 23-25 页。

往社会公众对公共交通管理决策的冷淡倾向，有利于引导、鼓励公众参与到交通决策和交通管理之中，从而实现个体的交通权利和自身的利益追求。另一方面，交通共同体文化对于企业、社会团体以及其他社会力量的协同配合具有巨大的推动作用。特别是政府与社会组织的紧密配合，能够在很大程度上促进交通文明理念的塑造和养成，有利于在循序渐进中促进以个人为中心的交通行为向注重社会整体利益的交通行为的转变。

最后，有利于构建权利本位导向下的交通伦理体系。交通安全共同体理念的形成，有助于打破权力主导走向权利平等，让社会公众充分享有平等自由路权，并在道路交通运行中有效维护生命健康以及安全通行等权利。具体而言，一方面，交通共同体彰显了对生命健康权的关怀和维护。在权利体系的构成中，生命健康权是公民最根本的人身权利，通常被视为其他一切权利的前提和基础。但是，交通事故的日益频发，道路矛盾冲突升级，给交通行为参与者的生命健康权造成了极大的威胁与困扰。因此，交通共同体从重视生命健康权、保障交通参与者自身安全出发，着重加强对交通安全共同体的构建。所谓交通安全共同体，是指在行人、车辆及其他交通单位相互作用时，交通参与者基于道德、法律法规、安全利益而有序参与交通活动并相互礼让、相互协助、相互依存的关系。[1] 交通安全共同体能够促使所有交通行为人达成社会共识，自觉地遵守交通礼仪和行为规范，并在道路通行的过程中形成互利互惠的内在稳定状态。因而，它是交通共同体的内在支撑以及生命健康权的外在保障。另一方面，交通共同体注重对平等路权的保护和维系。在道路交通领域，无论是交通安全、道路拥堵还是车辆冲突、交通事故，其行为的本质根源往往是基于路权的冲突和矛盾。申言之，交通行为人在自我中心主义的驱动下普遍信奉“狭路相逢勇者胜”的交通信条，认为越是行为强硬越能在路权争夺中获取利益和优势。这种蛮横粗暴的“丛林法则”，不仅导致交通伦理秩序的失序混乱，而且还造成了道路交通中越轨行为的泛滥蔓延。对此，交通共同体主张在公平正义的原则下，对路权进行平等分配和有效整合，显然这对维护整个道路交通秩序的和谐与有序具有积极的促进作用。

此外，交通共同体还侧重于道路交通参与权的拓展和保护。从权利本体视角看，交通权利是公众社会生活的基本“需求”，城市交通发展则是一种“供给”形式，而实现这种“需求”与“供给”的平衡，在很大程度上依赖于公众对道路交通发展的有效参与。就本质而言，交通共同体的核心在于“公民权利—政府义务”关系理论，其不仅注重社会公众在道路交通发展中的自觉意识和责任精神，而且更加强调政府在公民权利实现中的保护义务、给付义务以及尊重义务。因此，交通共同体理论为

1 ［德］马丁·海德格尔：《存在与时间》，生活·读书·新知三联书店2006版，第52页。

社会公众参与道路交通的设计、规划、决策以及运行提供了更多方向性选择和可能性操作。

三、交通共同体的文化生成

作为现代社会文明的重要表征，发达的交通体系不仅是市场与经济理性的产物，同时也是科学与技术高速发展下工具理性的成功。然而，著名社会学家马克斯·韦伯指出，"资本主义社会在发展工业现代化的道路中，纯粹追求效率最大化的工具合理性，虽然带来了经济和财富的增长，但随着工具理性的极度膨胀，其由解放人类的工具逐渐演化为统治人类的工具，以至于出现了工具理性霸权下人的异化和物化。"[1] 在交通领域，工具合理性的胜利使人们在享受现代化交通发展所带来的快捷与高效的同时，却也渐渐忽视了人的情感和精神价值，道德沦丧和价值扭曲在机动化社会中不断蔓延和扩散。可以说，要想根治中国机动化社会中所存在的"中国式过马路""中国式开车""路怒症"等交通顽疾，不仅需要提高道路交通基础设施建设及道路交通管理制度等"硬实力"，而且还应加强道路交通文化的"软实力"建设，即在学习和吸收西方资本主义社会先进管理经验以及挖掘和传承我国优秀传统文化的基础上，培育公共精神，平衡各方权利，重塑交通伦理，构建以安全交通、和谐交通、人本交通和绿色交通为目标和宗旨的交通共同体文化。

首先，应强化诚信意识和信用伦理，推动诚信交通体系的构建。在我国传统文化中，"诚"和"信"一直处于社会规范和行为准则的较高层面。"诚"是儒家为人之道的中心思想，立身处世，当以诚信为本；"信"字在《论语》中共出现二十八次之多，主要包含三层意思：一是语气助词；二是表示信任；三是表示忠诚、诚信。对"诚信"一词进一步探究发现，其本质上包含了三个维度：一是指个体品质的诚信，它内化于心，是主体内在的道德品质，主要依靠自我约束和教育来塑造，如"主忠信，徙义，崇德也""子以四教：文、行、忠、信""人而无信，不知其可也"。二是指为人处世的诚信，它处于社会各个平等主体之间，支撑起整个民间活动的秩序。如"君子之言，信而有征，故怨远于其身；小人之言，僭而无征，故怨咎及之"。三是指为政之道，即诚信政治，它代表着一个国家的诚信或者说是统治阶级的修养程度，通过自觉的行政行为来体现。

在西方资本主义社会，诚信具有可累计、可兑换的特征，并已发展成为一种特殊的资本形式。具体而言，在已有的社会关系网络中，诚信可起到提高社会弹性的作用，从而减轻或避免功利性强的重典治乱策略；基于各个主体间的信任关系，在

1 ［德］马克斯·韦伯：《新教伦理与资本主义精神》，群言出版社 2007 年版，第 92 页。

节省交易成本的同时，还可以减轻国家行政法律的运行负荷，避免法治资源和公共资源的浪费，强化公民自治和社会自治空间。在法治运行过程中，无形的诚信资本可以转化为实施法律的实际效果，从而提高执法效率和司法效率。这种诚信既可以相对于法律独立存在来调整社会规范，又可以成为法律调整的对象，用来调控各个主体之间民商事等行为。

总体而言，诚信在规范行为和控制维度方面，是现代交通治理体系建设中的重要无形资产。法律法规是我国当下规范行为和控制社会的主要手段，但是过度依赖法律法规则难以解决现实中存在的各类交通问题，且易陷入“法治主义”的困境。正如爱波斯坦所言：“社会中仅仅有法治是远远不够的，要想达成理想社会还要重视德行建设。”[1] 因此，在构筑交通共同体的过程中，应不断强化以诚信社会为基础的道德体系建设，充分发挥道德在交通管理治理中的调控和辅助作用。具体而言，一是以信补律，即在法律空白或无法规制的领域，诚信作为补充手段对交通行为进行规范和控制；二是以信释律，即将交通诚信作为法律原则，以支援法律的空白领域，可在法无明文规定的情况下直接作为交通行为的规范准则来适用；三是以信饰律，即运用道德诚信的合理性来强化交通管理行为的权威性和正当性；四是以信破律，即强化交通失信体系的合理性，推动交通征信体系和交通失信惩戒机制的发展和完善。

其次，传承我国传统文化中的“和合”思想，促进和谐交通共同体的构筑与发展。世间万物的延续和发展都离不开“和谐”二字，和谐不仅有助于维持系统内部的最优组合，而且还可以降低冲突，避免摩擦，释放压力，激发效能，让人保持心情愉悦。自古以来，和谐思想一直是国家社会所推崇和追求的理想境界。《道德经》中的“道法自然”，以哲学化的语言阐释了阴阳和谐、天地合一的本质精髓；《周礼》中谈到的“以和邦国，以统百官，以谐万民”，与《管子》中谈到的“和合故能谐，谐故能辑”，则着重强调了社会和谐的意义与价值。当前，学者对和谐的认识结合了中西方文化的精髓，提出和谐是个人与群体以及大自然的协同效益，是环境变化与自我演化的耦合，是“和则”与“谐则”的总和。“和则”是指人与人、人与组织、人与自然的融合，由此实现万物生长发育，或者称之为“环境诱导下的自主演化”，要达到“和则”需要文化的凝聚力和感染力。“谐则”则是使用科学设计的组织机构，以及理性设计的实现方法来促使系统内部达到“动态趋近”，从而使得组织系统内部各个部门之间相互协调、优化、统一。由此可以得出，和谐管理是组织机构优化的内在驱动力，同时也是经济发展、社会管理的基石。

1 ［美］理查德·A. 爱波斯坦：《简约法律的力量》，刘星译，中国政法大学出版社 2004 年版，第 121 页。

古今中外，交通都是人类生活的基本要素，是社会经济发展的驱动器。和谐交通就是指交通在满足社会经济发展和人类出行需求的同时，交通系统各个要素之间相互衔接、融合与协同的关系。总的来说，交通系统基本组成要素有两个部分，即内部要素和外部要素。其中外部要素主要有：自然环境、经济规模、交通需求等。而内部要素则主要包括：交通制度体系、交通运行组织、交通设施等。要使交通系统和谐统一，不仅需要交通内部各要素相互之间衔接、融合，更需要交通系统内部要素与外部要素之间的相互协调、配合。我国和谐社会的构建不仅需要人与人之间的和谐，更需要社会各个领域和各个方面的和谐，因而和谐交通不仅是一项系统工程，而且还是和谐社会的重要环节和具体表征。故和谐交通之"和则"，即构建交通文化来创建交通与社会之间的和谐统一；和谐交通之"谐则"，即使用科学规划以及理性设计的方法，实现交通系统内部之间、交通系统各种方式之间、交通系统与经济发展及环境资源之间协调统一。

最后，坚持"以人为本"的理念，构建交通活动领域中的权利保障和行为规范体系。交通虽然属于理工科范畴，但交通的诞生是人本主义诉求的需要。故交通中的人本思想作为一种正当的伦理指向，是对人文关怀与科学认知的融合与统一。在中国，"民本"思想薪火相传。春秋战国时代，管仲提出"以人为本"，他讲到"夫霸王之所始也，以人为本。本理则国固，本乱则国危"；孟子则强调"民为贵，君为轻"；近代，"以人为本"演化成为"三民主义"在孙中山先生的领导下成了宪政纲领。在西方，"人本主义"思想同样源远流长、不断发展。从西塞罗和格利乌斯首次提出的"人本主义"，发展到文艺复兴时期提倡个人价值的"人文主义"，再到成为资产阶级启蒙思想的"自由、平等、博爱"，再到19世纪中后期出现的"人本主义"，如费尔巴哈提出的"生物学人本主义"、叔本华和尼采提倡的"非理性人本主义"以及马克思追求的人本主义。

当前，以人本主义为主导的哲学思想在道路交通领域中同样展现出了不可忽视的作用。总的来说，现代社会要将人本主义关怀切实融入到交通共同体文化的建设中，尤其在当前对"生命权"和"通行权"、"人权"和"路权"争论不休的时候，就更需要坚持做到以"维护生命权"为第一要义。从实务角度而言，将这种辩证的哲学观点运用到交通管理层面，既能体现"求同存异"的基本原则，又能满足相互尊重的道德要求，即所有公民在参与交通的过程中，相互之间的人格地位和法律地位均等，交通参与者在行使通行权时要抱以相互尊重、平等互利的观点，而不能陷入过度的自我主义误区。具体而言，在以"人本主义"为导向的交通权利和行为规范体系构建中，首先，需要明确每个交通参与者都是交通共同体的成员，彼此之间的交通权利是平等的，要相互体谅、相互合作、相互帮助，减少敌对情绪，共同营造文明的交通文化氛围；其次，逐步达成一种统一的、理性的、平等的"理想言语情境”，这就需要构建一套专业的、通用的道路语言交流体系来维持日常的通行秩序，确保交通参与者各有其道、各行其道，避免抢道、人车混行等交通乱象的发生；最后，注重引导和培养交通参与者的互助意识和整体意识。“天地交而万物通”，交通的产生和发展离不开人们互相之间的沟通、交流与协作。可以说，整个交通系统本身就是一个共同体，它本质上是交通参与者以车辆、道路、交通语言等为媒介来实现个体的通行目的，因此在整个交通社会中，需要每一个参与者的共同努力来打造文明、平安、和谐的交通环境。

四、交通共同体文化的推进路径

交通共同体文化是对交通参与者在伦理道德层面上的规范，是国家制度规章的有效补充，同时也是类似法律契约的行为规范体系。可以说，交通共同体文化是交通活动领域中价值观、道德观、安全意识和行为方式的总和，其既体现了一国道路交通文明的现代化程度和水平，又在很大程度上促进了道路交通活动的有序、安全、和谐以及可持续发展。然而，需要强调的是，交通共同体文化的产生和普及不仅要求有正确价值观的引导、法律法规的约束、物质条件的支持和自我行为的内化，同时还需要社会文明整体性、综合性的提高与进步。

文化的特点主要体现在其长期贯序性，而制度体系的评判性和规范作用则更为显著。文化和制度分别具有各自的价值和作用，但其功能在实践运行中又是相互辅助和相互依存的。可以说，管理本质上就是制度和文化双向互动、交叉运用的实践过程，其充分彰显了文化软性约束和制度硬性规制的特点和表征。借此，文化管理的特点是具有和谐性、系统性，它发挥自身功效的关键就是“外部规范—隐性内化—外显行为”的过程，并在此过程中展现出其优化系统的作用。所以，道路交通管理应当致力于价值文化的引导、制度文化的约束、物质文化的支持和自我行为的内化，以此促进交通共同体文化价值和现实功能的有效发挥。

具体而言，其一，要把交通共同体文化中平等、互惠、和谐和人本主义思想吸收融合到政府的交通发展战略、交通建设规划、交通管理方法等层面，并在未来道路交通管理机制改革中，加入更多安全、法治、人本、和谐等共同体文化理念。例如，从网格化交通管理到网络化交通治理的演变，不仅是全面深化改革下政府职能转型的必然要求，也是交通共同体构建背景下交通事务治理社会化的现实逻辑。因而，在交通网格化制度的设计和构建中，应更多体现出交通共同体的思想理念，通过跨主体、跨行业、跨功能、跨部门的协作，以协同组织形态为特征、以社会化服务为导向、以整合为运行机制的核心，在价值取向上更加注重共同体的整体利益，以此促进公安交通治理体系和治理能力现代化的深化以及政府与社会间合作共治的开展。

其二，为保障交通共同体文化价值体系的实现，还应着力于交通法规的完善、交通技术的进步、交通规则的细化和交通管理结构的优化。申言之，交通法律法规的完善，有助于在宏观制度层面为交通共同体文化的构建和普及提供切实可靠的规范支撑；交通技术标准和交通技术规范的明确则可以为社会公众现代交通文明习惯的培育和养成提供外部的技术支持；交通管理结构的优化和改革则可以保证交通共同体文化的内容切实融入到交通管理的实践中。总的来讲，深入推行国家治理法治化改革进程，提升法治管理能力，完善法治管理体系，是社会主义现代化改革的必然选择，因而在具体的贯彻落实中，必须坚定法治思维方式，有法必依，依法治理，为交通共同体的制度化与规范化提供坚实的保障。

其三，以交通物质文化为切入点，促使交通科技、道路设计、道路设施和道路环境与现代文明的发展挂钩，进而推进文化与物质的耦合、互动，夯实交通共同体文化的物质基础。交通共同体文化的推进离不开客观物质载体，特别是先进交通科学技术的辅助和支撑。因而，在"互联网＋"的环境下，应通过交通管理智慧化路径的探索，促进交通共同体的发展和完善。智慧交通的核心是整合人类的实践经验和知识，运用智能化的方式，将智慧融入庞杂的交通管理之中，最终实现道路交通治理的效益最大化。它标志着交通信息化正在走向网络化、数字化、智能化三者的高度融合——智慧化。可以说，作为一种新的管理模式，"智慧交通"与交通共同体的构建具有诸多的内在联系与外在契合。"智慧交通"通过对社会各个方面各个层次的智能响应和有效整合，不仅为社会化改革提供了更多的方向性选择和可能性操作，而且也为交通共同体的实现提供了高效的制度渠道和全面的技术支撑，

其四，关注和重视交通参与者的交通意识、交通心态、交通观念等内在因素，通过交通共同体文化理念的不断引导和教育，从而在社会范围内构筑更加文明、更加和谐、更加安全的交通行为方式。"社会改革要取得良好效果，仅仅构建具有普遍性的思想体系远远不够，还必须采取经常性的手段，将这些思想源源不断地植入人们的头脑之中，被人们所接受和认同，这些普遍性的思想才能发挥其应有的作用和价值。"[1] 要实现交通共同体推进的预期目标，不仅需要宏观制度层面的不断完善，同时还需要每一个交通参与者素质的提升，尤其是参与精神、法律意识、守纪意识的提升。因此必须将提升交通参与者整体素质作为交通管理工作的基础环节，大力推进全面的教育宣传活动。此项工作可借鉴西方发达国家的宣传经验，调动社会各阶层的力量，加强公安系统、教育系统、司法系统、新闻宣传系统之间的协调配合，并落实学校、机关、社会企业、团体、宣传机构等单位、组织的宣传教育义务。通

1　黄丹：《马克思政治社会化思想研究》，复旦大学出版社 2014 年版，第 138 页。

过政府管理引导各单位、组织建立多层次、全方位、高覆盖的立体式宣传教育网络，全面推进交通共同体文化理念的宣传教育工作。

“天地交而万物通也，上下交而其志同也。”交通共同体既是“人类命运共同体”范畴下的一个组织部分，同时也是实现交通事务治理体系和治理能力现代化的重要途径。针对当前因交通拥堵、交通安全、交通污染而引发的社会难题，本文在交通共同体的理论基础上，尝试提出交通管理改革的新思路和新模式。所谓交通共同体，是指在道路交通领域中以共同的交通活动为纽带，以共同的社会利益为基础，在追求通畅、有序、和谐、包容、安全等共同目标中所形成的交通集合体。概括而言，本文通过对我国交通管理发展历程和现实困境的综合演绎，分别从理论、文化和实践三个方面勾勒出交通共同体构建的理论蓝图和实现策略，进而为我国公安交通管理改革的发展提供思路和建议。

理论层面上，通过对交通共同体的学理分析和理论阐释，为“互为主体”交通人际模式的塑造、以权利保护为核心的交通伦理体系的建设，以及多元协同合作的交通治理体系的构筑提供必要的规范依据和理论支撑。随着公共事务管理的复杂化和利益主体多元化的不断加深，公共问题的解决往往牵涉到多个组织、多个部门、多个管辖区甚至整个社会，不仅需要政府的相关职能部门尽职尽责，同时也需要非营利组织、私人部门以及社会公众的通力合作。然而，如何建立跨主体的协作管理机制，整合公共服务资源，提高社会运作效能，精简管理机构及管理流程，使得社会服务和公共利益以最经济、最有效的方式得到实现，是道路交通管理乃至整个社会治理领域共同面临的时代课题。借此，交通共同体理论体系的提出，不仅为当下社会变革中的多元主体合作提供了新的战略框架，更是实务界和理论界对现阶段公共管理现状的积极回应。

文化层面上，在学习和吸收西方资本主义社会先进管理经验以及挖掘和传承我国优秀传统文化的基础上，建议大力培育公共精神，平衡各方权利，重塑交通伦理，构建以安全交通、和谐交通、人本交通和绿色交通为目标和宗旨的交通共同体文化。其中，在具体的文化生成中，应重点强化诚信意识和信用伦理，推动诚信交通体系的构建；传承我国传统文化中的“和合”思想，促进和谐交通共同体的发展；坚持“以人为本”的理念，牵动交通活动领域中的权利保障和行为规范体系的完善。

在实践层面，基于制度、法律、技术和意识四个维度，提出我国交通共同体构建的具体实现路径和推进策略。申言之，在上述宏观理论和制度框架下，将交通共同体置于国家治理现代化的整体变革中，通过制度的完善促进交通共同体的制度化和常态化；通过法律法规的完善促进交通共同体构建的规范性和民主性；通过技术的发展促进交通共同体的智慧化和可行性；通过意识的重塑和内化促进交通共同体的接受度和认可度。

梳网清格是公安机关创新网格化治理的有效途径

王巧全*

摘　要：网格化社会治理是推进国家治理体系和治理能力现代化的重要举措。盐城公安机关发挥网格化治理主力军的作用，以社区警务为基础，创新组织开展“梳网清格”，在维护稳定、化解矛盾、服务民生等方面取得显著成效。盐城公安机关坚持党建引领、以人为本、因地制宜、资源整合、城乡一体等原则，将“梳”和“清”作为规定动作嵌入网格化治理的各个流程，依托社区警务开展常态“梳网清格”，针对疑难复杂问题发起“梳网清格”集中行动，构建完善“梳清长治”的闭环式治理体系，形成了“社区警务＋梳网清格”模式，以更高的起点、更加系统的思维、更为准确的定位，对基层社会治理理念思路、体制机制进行创新探索，凝练形成“公安牵头、部门协同、社会参与、齐抓共管、共治共享”的公安机关网格化治理思路，成为盐城平安建设的重要组成部分，为有效解决“主导难”“落实难”“保障难”“联动难”等网格化治理难题提供了可借鉴、可复制的样本。

关键词：网格化社会治理　梳网清格　盐城公安机关

网格化社会治理是推进国家治理体系和治理能力现代化的重要举措，是基层治理的有效形式。习近平总书记在参加十二届全国人大二次会议上海代表团审议时强调：“要深化拓展网格化管理，尽可能把资源、服务、管理放到基层，使基层有职有权有物，更好为群众提供精准有效的服务和管理。”党中央、国务院关于创新网格化社会治理的有关文件强调，工作重心要向基层下移，加强社区建设，实现政府治理和群众自治良性互动。江苏省委、省政府出台指导意见，要求建立健全城乡社区网格化服务管理工作体系，努力把城乡社区建设成为管理有序、服务完善、文明祥和、平安和谐的社会生活共同体。盐城公安机关发挥网格化治理主力军作用，以社区警务为基础，创新组织开展“梳网清格”，在维护稳定、化解矛盾、服务民生

* 王巧全，江苏省盐城市副市长，盐城市公安局局长。

等方面取得显著成效。笔者结合自身工作实际，谈谈认识和体会。

一、盐城公安机关开展“梳网清格”的实践与探索

经济快速发展、社会大局稳定是中国向世界展示的“两大奇迹”，得益于中国特色社会主义制度的优越性，得益于中国共产党独特的群众和组织优势。中国现行的管人、管物的相关法律制度，决定了治理要素的时空相对确定性，更加坚定了我们“社会治安并不难管”的信心。近年来，盐城公安机关认真贯彻落实党的十九大和习近平总书记系列重要讲话精神，始终坚持以人民为中心，增强系统化思维，秉持“郡县治、天下安”理念，大力实施“四个一”工程，组织推进社区警务改革、固筑社会治安防控体系“压舱石”，夯实平安稳定根基，维护国家安全和社会稳定的能力水平全面提升。

综观维护稳定和平安建设工作，从重大活动安保维稳的成功经验和发生重大事件的教训来看，根源性问题在于“人”和“物”，公安机关的常规工作应当是紧盯不放心的人、存隐患的物、有异常的信息，落实针对性措施，实现有效掌控。实践中，在大力抓防控、抓管理的格局下，仍然存在人员漏管失控、隐患酿成事故的情况，引发我们对公安机关开展网格化社会治理的深入思考。

社会治理如同打扫卫生，即使每天都清扫，过了一段时间还要通过“大扫除”来清理盲区死角确保持续清洁。“浮尘浅灰不可一日不扫，积弊沉疴更需戮力攻坚”，公安机关开展“梳网清格”正是这种观点的生动实践。我们依托“警区即是网格”的天然优势，将“梳网清格”作为社区警务的核心手段，日常“梳网清格”解决常规问题，“梳网清格”集中行动解决非常规、难以解决的问题，“堡垒推进”实现长治久安。近年来，盐城全市刑事发案数逐年下降，2017 年全市接报警总量同比下降 7%，矛盾纠纷警情同比下降 14.3%，民转刑案件数量同比下降 36%，2018 年 1 月至 6 月，全市刑事案件、侵财案件、八类案件同比分别下降 24.3%、27.4%、15.3%，为盐城连续 9 年被评为江苏“平安市”，荣获“全国社会治安综合治理优秀市”称号作出积极贡献。在具体实施“梳网清格”过程中，我们秉持“常规问题常规抓、重点问题重点抓”，将“梳”和“清”作为规定动作嵌入到网格化治理的各个流程，主要做好以下三个方面：

（一）依托社区警务开展常态“梳网清格”

牢牢把握“人”这个核心和“社区”这个基本单元，做实、做优社区警务，以一个个警区的“压舱石”累积派出所的“堡垒”，通过“堡垒推进”战术实现全市大平安。一是科学规划警区。坚持“契合对应、因地制宜”原则，综合考虑城市社区和农村村庄的地域面积、实有人口、地理环境、经济发展等情况，科学合理划分

警区。例如，农村地区将1个或多个行政村划为1个警区；工厂较多地区、旅游景点和港口地区的行政村单独设立警务区或设立中心警区。二是做强专业队伍。坚持社区警务、社区警务室、社区民警“三位一体”，在派出所组建社区警务专业队，根据警区类型、规模和治安状况，按照“1+N”标准配备专职社区民警和警务辅助人员，推动社区民警全部沉入社区。三是规范警务内容。制定出台《社区警务工作规范》，按照“查房知人、查人知住”的标准，将人口管理、治安防范、矛盾化解、服务群众和信息采集作为社区民警工作主业，建立一日工作清单制度，开展“一口清”比武竞赛，明确提出“十个没有、三个决不允许”工作标准（即社区内没有逃犯、没有租赁房屋“黑户”、没有情况不明人员、没有“三非”人员、没有传销、没有涉娼场所、没有涉毒窝点、没有非法枪爆物品、没有赌博游戏机、没有矛盾纠纷引发的命案和决不允许成为黄赌毒等违法犯罪活动的“保护伞”、决不允许因为工作不力发生有影响的重特大案事件、决不允许辖区内存在制毒场所和人员），让社区警务方向更明、任务更清。四是强化研判分析。结合社区民警“上门入户”，做好研判工作，做到底数清、情况明，及时发现解决一般问题。

（二）针对疑难复杂问题发起“梳网清格”集中行动

根据社区警务中掌握的方面性隐患问题，大到一片社区，小到一幢楼宇，由社区民警提出攻坚需求，县局层面组织力量开展集中行动，一次性解决1~2个方面难题。用好以下四个手段：一是“合围”。由县级公安机关统一组织，抽调治安、刑侦、巡特警以及机关部门足够警力，对目标网格以及通道全部封控，实行“封闭式”清扫。二是“检查”。对目标网格内的实有房屋进行逐户检查，采集录入可疑人员、可疑物品信息；将智能采集“狩猎战车”开进目标网格，搜集汇总各类人员的基础信息、活动轨迹、联系人等相关数据，并适时将研判数据推送给前方民警。三是“甄别”。前方民警依托移动警务终端实时比对人员、物品信息；后方支撑保障小组对深层次信息第一时间研判核查，为前方提供准确的行动支撑。四是“处置”。对发现的嫌疑人及时打击处理，对嫌疑物品及时登记扣押，对重大安全隐患及时落实整改。今年以来，全市公安机关分别围绕“金融企业聚集场所”“传销人员集中区”“流浪乞讨人员”“停车整治”“涉外领域”等突出问题，组织开展四次全局性集中统一行动，各地分别结合实际需要开展多轮次集中攻坚，有效净化辖区治安环境。

（三）构建完善“梳清长治”的闭环式治理体系

在“梳网清格”工作中，将不能现场治理的、“不放心”的人和物，以机制建设为抓手，推动落实整治措施，确保问题不反复，实现长治久安。一是交办督办机制。常态梳清与集中行动后，将信息数据录入“梳网清格”工作平台，对梳清出的问题隐患进行分类，按照轻重缓急程度交由治安、刑侦等相关警种部门，逐条明确责任主体、整改要求、时序进度，并跟进做好督导督办，保证事事有回音、件件有着落。

二是战果转化机制。对排查梳理出的案件线索、打击目标，实现清单式管理，充分运用法治手段，根据需要纳入“黄海行动”组织集中收网，真正实现打击活动规范化，真正打出声威、打出实效。三是促发联动机制。充分发挥社区民警工作优势，广泛动员社区干部、居民党员、行业协会、物业公司、社区志愿者和驻社区单位保卫力量参与基层社会治理，积极开展“基本信息采集、社情民意收集、安全隐患排查整治、矛盾纠纷排查化解、政策法律法规宣传”等工作，营造共居一地、共保平安的良好氛围。四是奖惩激励机制。严格确立奖罚分明的考核导向。对“梳网清格”中作出重要贡献、取得重大战果的，根据贡献度，实行“一事一奖、同功同奖”；定期组织开展“梳网清格”优秀社区民警评选，增强民警获得感、认同感；常态开展案例剖析讲评工作，及时总结成功经验，倒查发现问题，对工作不到位、管控不落实、处置不及时等问题，严格追究相关人员责任。

二、网格化社会治理思路的审视与辨析

党中央关于社会治理强调“党委领导，政府负责，社会协同，公众参与，法治保障”二十字方针。网格化社会治理是以城乡网格为基础，以综治中心（网格化服务管理中心）为枢纽，以信息化手段为支撑，推动社会治理重心向基层下移，最大限度地整合基层服务管理资源，最大限度地推动社会治理向前端延伸，实现服务管理网络全面覆盖、服务管理能力全面提高、基层基础工作全面夯实、群众满意度全面提升。

网格化治理的实施路径遵循了以下几个原则：

一是坚持党建引领。注重强化社区党组织的领导核心作用，将城乡社区服务工作与基层组织建设相结合、与党建网格化管理相结合、与党员干部直接联系服务群众相结合，着力增强社区党组织的统领、协调和服务功能，增强社区党员的凝聚力、战斗力和创造力，把党的工作渗透到各个方面，促进社区和谐发展。

二是坚持以人为本。牢牢把握“以人民为中心”的发展方向，把服务社区居民作为推进网格化管理的根本出发点和落脚点，寓管理于服务之中，实现管理与服务的有机统一，努力提高社区居民生活质量和文明程度，不断满足人民群众日益增长的高质量生活需要。

三是坚持因地制宜。紧密结合社区实际情况，因地制宜、因情施策，统筹优化社区服务管理运行机制，不断创新管理理念、管理方式和管理手段，使城乡社区服务管理始终体现时代性、把握规律性、富于创造性。

四是坚持资源整合。充分挖掘和整合社区各类资源，发挥社区党组织、社区工作者、居民小组长、楼栋长、社区民警、物业服务人员、居民代表、志愿者、驻区单位、“两新”组织、部门职能延伸人员力量的协同、配合作用，有效调动居民群众参与

社区管理的积极性、主动性和创造性，形成强大合力。

五是坚持城乡一体。以实现城乡基本公共服务均等化为目标，将城市社区管理和服务的理念与思路引入农村社区，形成以城带乡、以乡促城、共同提高的城乡社区和谐发展新格局。

总体来看，网格化社会治理模式在保平安、保稳定、促和谐方面取得了显著成效。我们结合社区警务、“梳网清格”工作实践，对网格化治理思路进行冷静的思辨，也从中发现一些无法回避的现实困境和难题，主要体现在：

一是基层党组织的主导作用不够凸显。社会治理的重点、难点在基层，化解矛盾的关键和基础也在基层，基层党组织作为党在基层社会的细胞，是党治理基层大社会的领导核心。但在实际情况中，基层组织建设有所弱化，凝聚力、号召力下降，在治理基层社会中的领导作用没有得到充分显现。

二是网格管理员的职与责不够匹配。在理想化的网格化治理体系中，网格员担负着执行者的角色，是各项治理工作落地的末梢。从实际工作中掌握的情况看，参与社区网格化管理的工作人员主要包括基层党员、社区管理人员以及兼职人员，其年龄结构、文化层次、专业技能等方面都难以独自承担起复杂的社区治理工作，有的网格管理员实际上只是信息的搜集员和反馈员，与现实期望反差较大。

三是部门间的协同联动不够顺畅。基层治理的问题涉及方方面面，需要相关部门有机融合、协同参与。正因为缺乏基层党组织的牵头主导，缺乏基层网格员的有效履职，部门之间各自为政、各行其是，组织不起来，联动不起来，难以形成合力攻坚的局面，一些隐患问题久拖不决，滋生了更加复杂的问题。

三、“梳网清格”是网格化治理的有效途径

在长期的社会治理实践中，我们可以发现一定的规律：各类矛盾纠纷最终演化为案事件、信息资源的掌控不到位最终演化为要素的动态管控，这些治理工作任务最后都自然而然地由公安机关来承接，公安机关是平安稳定的最后一道屏障，政府治理已经习惯了“公安为主”的局面。通过对具有典型意义的 “枫桥经验”进行学习研究，其从诞生到向全社会延伸，再到最终实现全国推广的发展历程，充分证明了公安机关的社区警务工作与网格化治理的追求理念高度一致。

盐城公安机关创新网格化治理经历了从“四个一工程”到社区警务压舱石建设，再到开展集中行动，最终形成“社区警务 + 梳网清格”模式，是以更高的起点、更加系统的思维、更为准确的定位，对基层社会治理理念思路、体制机制的创新探索，凝练形成“公安牵头、部门协同、社会参与、齐抓共管、共治共享”的公安机关网格化治理思路，成为盐城平安建设的重要组成部分，为有效解决网格化治理难题提

供了可借鉴、可复制的样本。主要体现在以下四个方面：

一是解决了“主导难”的问题。盐城公安机关主动发挥着网格化社会治理主力军作用，通过日常社区警务直接参与社会管理，以问题为导向主动发起专项治理，给基层党组织减轻了压力，给相关部门提供了载体，精准治理成效日益显现。

二是解决了“落实难”的问题。公安机关是得到党和国家高度认可的部门，公安队伍的忠诚度、责任心、执行力为遂行网格化社会治理任务提供了根本保证，党委政府的各项治理举措能够顺利落实到位、执行到位、跟进到位，人民群众的反响和反馈能够及时收集，政府公信力才能不断提升。

三是解决了“保障难”的问题。社会治理是全时空、全覆盖的工作。公安机关的勤务运行模式是“白加黑”“五加二”，人民群众生活的每一个区域都能实现警务覆盖，公安工作的每个环节都体现了依法规范，这在其他政府部门中是绝无仅有的，因此，公安机关承担网格化治理的主要任务，无可替代。

四是解决了“联动难”的问题。公安机关始终将维护好发展好最广大人民群众的根本利益作为出发点着力点，赢得广大人民群众的信赖和支持，凝结了公安机关与人民群众的血肉联系，人民群众更愿意相信和配合公安机关开展社会治理，共同构建长治久安的命运共同体。

“梳网清格”作为专项治理手段，为系统治理、综合治理、依法治理、源头治理赢得了时间和空间，真正意义上实现了社会治理特别是公安工作的“波浪式”前进、“螺旋式”上升。我们既强化全面协同推进，又寻求重点难点突破，既注重统筹布局，又鼓励自主创新，重点是妥善处理好几个关系：

一是处理好“梳网清格”与部门共治的关系。“梳网清格”不等同于综治网格化，是对网格化管理的实化、细化、优化。公安机关既发挥主力军作用，又坚持促发联动，初步形成党委政府主动揽责、职能部门主动履职、社会各方主动参加、社区群众积极参与的共建共治格局，开启“党委领导、政府负责、社会协同、公众参与、法治保障”的社会治理体制的良好开端。

二是处理好常态梳清与集中行动的关系。常态“梳网清格”是社区警务工作的重要内容，由社区民警根据辖区治安状况，在日常工作中梳理排摸并掌握线索，对能够现场解决的问题及时予以妥善处置；“梳网清格”集中行动是对疑难复杂问题，由社区民警提出集中攻坚需求，县局层面重兵屯集打歼灭战。常规问题常规抓、重点问题重点抓，二者系统构成“闭环式”网格化治理体系。

三是处理好“梳网清格”与“黄海行动”的关系。盐城公安机关根据本地治安实际，于 2016 年 8 月部署开展严打整治“黄海行动”，完善“梳理、甄别、收网”全流程打击整治模式，严厉打击涉黑涉恶、挑头滋事、坑民害民、阻碍执行公务等重点违法犯罪，截至 2017 年年底实现“九战九捷”，2018 年又组织开展了新一轮“黄海行动”，一大批治安顽疾得到有效治理，社会治安持续向好。“黄海行动”与“梳网清格”都是重要的专项治理手段，分别固守攻防两翼，“梳网清格”本身也是“黄海行动”排查梳理环节的重要组成部分，为“黄海行动”提供源源不断的线索，更加精准地指明打击重点和打击方向。

诸城市公安局创新警务监督体系的研究与实践

单东升* 张 磊**

摘 要：习近平总书记要求，深化公安改革要提高群众的安全感、满意度，让人民群众感受到社会的公平正义。公安基层单位处于执法第一线，直接面对社会利益群体，执法监督尤为重要。诸城市公安局创新警务监督体系，以“保障人民权益、倾听人民心声、接受人民监督”为目标导向，实施监督关口前移，在预防上下功夫，以整体为主进行协调，建立执法监督中心。实现监督“一张网”覆盖，设立三个中心“一体化”管控、“一站式”保障、“一平台”流转，建立多项机制助推执法质量提升，构建高效、务实、有力的监督机制，推动执法监督向事前、事中、事后延伸，不断提高执法质量、提升执法效能，实现监督工作整体效果的最优化。创新警务监督机制，必须增强自觉接受监督的意识，始终把执法活动作为重点，建立制约有效的工作机制，建设政治坚强的监督队伍。

关键词：执法监督 警务监督机制 诸城市公安局

习近平总书记要求，深化公安改革的指向要聚焦三个方面：一是着力完善与国家治理体系和治理现代化相适应的现代警务运行机制，着力提高社会治安防控能力和治安治理能力，提高人民群众的安全感；二是着力推进公安行政管理改革，提高管理效能和服务水平，从政策上、制度上推出更多惠民、利民、便民新举措，提高人民群众的满意度；三是着力建设法治公安，确保严格、规范、公正、文明执法，提高公安机关执法水平和执法公信力，努力让人民群众在每一项执法活动、每一起案件办理中都能感受到社会的公平正义。

孟德斯鸠在其著名的《论法的精神》一书中表明：“一切有权力的人都容易滥用权力，这是万古不易的一条经验。有权力的人们使用权力一直到遇有界限的地方才休止。”随着人类社会的发展和进步，对权力行使实施有效的监督，显得日益重要。

* 单东升，山东省诸城市副市长，诸城市公安局党委书记、局长。

** 张磊，山东省诸城市公安局网安大队综合科科长。

公安基层单位处于执法第一线，直接面对社会利益群体，执法监督更要加强。诸城市公安局以“保障人民权益、倾听人民心声、接受人民监督”为目标导向，“从让人民群众满意的事情做起，从人民群众不满意的问题改起”，做到监督关口前移，在预防上下功夫，以整体为主进行协调，整合资源、整体推进，重点突破，构建高效、务实、有力的监督机制，实现监督工作整体效果的最优化。

一、警务监督体系的背景及必要性

1997 年 6 月 4 日，国务院 220 号令发布实行的《公安机关督察条例》，是我国加强公安机关内部监督管理的第一部行政法规。据此，各级公安机关成立了警务督察队，这标志着警务督察机制的建立。这一内部监督机制与人大、政协、检察机关、人民群众和新闻媒体等外部监督构成了一套完善的内部、外部公安监督体系。另外，公安机关还聘请群众监督员，通过警务公开、开门评警及调查群众安全感满意度等活动，接受人民群众的监督。随着监督体系的形成，将各项外部监督及时吸收并转化为内部监督，使之发挥出监督的作用，即使监督“由外转内”，这是完善公安监督体系的重要环节。

公安大监督体系的建立既是信息化发展的必然趋势，也是新时期反腐倡廉建设、加强权力运行监督的迫切需要。公安机关的工作性质决定了其承担着不同于一般行政机关的特殊职责，“肩扛公平天平，手持正义之剑。”每一项执法活动、每一次权力的行使，都代表着党和政府的形象，都关系到群众的自由、权利和利益，关系到社会的公平正义。特别是一些具有执法权、管理权的重点岗位，时刻面临着诱惑，处处存在着风险。公安部党委在贯彻落实《建立健全惩治和预防腐败体系 2013—2017 年工作规划》实施办法中强调要求：“强化权力运行的监督制约”　“加强信息化监督，建设覆盖执法办案、行政管理的监督管理信息平台”。可以说，深入推进监督信息化建设、着力研发监督管理信息平台，既是信息化发展的必然趋势，也是新时期反腐倡廉建设、加强对权力运行的监督的迫切需要。

公安大监督体系的建立是当前公安工作形势的客观要求，也是加强公安监督管理，推进执法规范化建设的有效途径。公安机关是执法机关，监督的重点是执法活动，要把监督贯穿于执法活动的全过程，最大限度地保证“权力在阳光下运作，执法在监督中进行”。自觉接受社会各界和广大人民群众的监督，自觉接受舆论监督。

二、诸城创新警务监督体系的实践

山东省诸城市公安局以打造法治公安为目标，优化警力资源配置，创新警务运行机制，推动执法监督向事前、事中、事后延伸，不断提高执法质量、提升执法效能，群众对公安机关执法工作的满意度不断提升。

（一）建立执法监督中心实现监督“一张网”覆盖

诸城市公安局整合110警情回访、民意回访、群众安全感满意度回访、民生警务平台、“12389”举报热线等平台的执法监督资源，建立执法监督中心，汇集民意诉求渠道，聚焦执法问题整改，加强源头治理、事前防控，不断提升执法规范化水平。

执法监督中心整合执法监督渠道和民意诉求渠道，设立受立案区、督察督办区、视频巡查区、电话回访区、会商研判区、考核考评区6大功能区，全面监督警务活动，受理民意诉求，精准分析研判。中心设定了执法问题的受理、推进、整改、督办、统计、通报、考核、培训8个工作流程，研发应用了执法监督管理平台，实现派送、接收、办理、回复在同一个平台内流转，分类统计、自动派送、超时提醒等实现智能化，实现了集约高效的目标。诸城市公安局对执法环节全程跟踪监督，全方位、多层次收集执法问题，实行日小结、周研判、月通报制度，及时对执法问题分析研判。他们坚持问题导向，明确科所队长是执法监督问题整改的第一责任人。对轻微问题，“即接即清”，并即时告知单位和民警整改；对一般问题，“日接周清”，严格按规定时限和流程办理；对重点问题，由局领导签发督办指令，全面落实整改措施，切实解决执法过程中的源头性、根本性问题。据统计，执法监督中心自运行以来，日均问题量由2017年10月的400余条，下降到2018年10月的不足100条。

（二）设立三个中心实现对执法办案的“一体化”管控

诸城市公安局在法制督察大队设立案管中心和案件受理大厅，在一线单位设立案件管理室和受立案窗口，对“警情、案件、场所、物品、卷宗”等执法要素进行一体化全面管控。紧盯接处警环节，派出所统一设置勤务指挥室，修订完善接处警工作规范；为一线民警全部配备执法记录仪，严格落实“出警必录、及时上传、全部标注”。对群众亲临报警及移送案件，由案管中心民警审核、接派；对110接报警情，严格警情分流的审核，监督、规范案件类警情的受理立案，确保及时办理。诸城市公安局严格落实案件“五级”（主办民警、法制员、办案单位负责人、案管中心审核民警、分管局领导）审核责任制，对接处警、受立案、实行强制措施、执法记录仪使用情况进行巡查监督。2017年以来，全局共审核案件2200余起，监督警情8.8万余起，评查案件81起。

诸城市公安局建设市局执法办案中心、城区执法办案中心，由法制督察大队统一管理。农村派出所办案区全部进行了规范化升级改造，设立了4个执法办案分中心，满足了全市公安机关执法办案的需要。科学设置办案流程，规范民警执法习惯养成；研发应用执法办案中心管理系统、询（讯）问笔录系统、音视频管理系统，自动对接执法办案闭环管理系统。

诸城市公安局还建设了涉案财物管理中心，实行人、财、物、卷宗分离，杜绝管理漏洞。此外，进一步建设公检法一体的涉案财物管理平台，对刑事案件涉案财物实行“换押式”流转，提升涉案财物规范管理水平。

（三）建立多项机制助推执法质量“全方位”提升

为保证执法监督工作协调运行，诸城市公安局在充分调查研究的基础上，建立多项工作机制，助推执法质量提升。建立典型案例剖析警示机制，每月评查出最佳案例和最差案例，总结经验、剖析问题，逐案制作成PPT课件，在全局播放。协调建立检察机关评查刑事案件机制，每季度对公安机关提捕、移诉的案件进行评查，通报全局，教育民警自觉适应以审判为中心的刑事诉讼制度改革。对复杂疑难刑事案件，通过公检法疑难案件会商机制，适时召开公检法联席会议，研究问题症结，达成共识，推动刑事诉讼活动顺利开展。诸城公安机关建立律师介入案件办理机制，聘请专业律师担任法律顾问，对疑难复杂案件提出意见，对移诉前案件提出建议。对涉众型、涉民生类等敏感案（事）件，建立执法风险评估研判机制，在查清案情的基础上，由分管局领导牵头，组织相关警种单位进行执法风险评估，最大限度地规避执法风险，力争取得执法效益的最大化。对存在执法过错、违法违纪的民警，诸城公安机关通过督察督办问责机制，在调查核实的基础上，分清主客观责任，依法依规处理。诸城市公安局还建立了教育培训衔接跟进机制，根据执法实际需要，组织专题学习、集中培训、旁听庭审，采取分片包所、送教上门、点评案例等方式，督促整改执法问题。

三、创新警务监督机制的思考

一是创新警务监督机制，必须增强自觉接受监督的意识，打牢监督的思想基础。全体公安民警要主动把行使权力置于有效的监督之下，通过创造性的监督工作，纯洁公安队伍，树立良好警风，提高执法水平。

二是创新警务监督机制，必须始终把执法活动作为重点。各部门、各警种都要把监督和具体的执法工作结合起来，加强执法监察、效能监察和明察暗访工作，严格落实执法责任制、执法过错追究制和领导责任追究制，充分发挥监督工作的预防性、建设性作用。

三是创新警务监督机制，必须建立健全权责明确、相互配合、制约有效的监督制约机制。要把监督制约机制改革纳入公安工作改革的总体部署，要尽快整合内部监督力量，增强监督合力，完善监督的实体性和程序性规定，不断提高公安监督工作的法制化、规范化和正规化水平。

四是创新警务监督机制，必须建设一支政治坚强、公正清廉、纪律严明、业务精通、作风优良的公安监督干部队伍，必须把思想政治建设置于监督队伍建设的首位。从政治上、工作上支持和帮助监督民警，为监督民警依法履职创造良好条件。公安监督民警要增强责任感和使命感，不断提高执法执纪水平，“己不正，焉能正人。”没有一支过硬的、高素质的公安监督干部队伍，就不可能开创公安监督工作的新局面。

安全治理视阈下智慧警务建设的路径选择

朱志萍*

摘　要：安全管理转向安全治理是顺应当前诸多形势变化和发展的必然要求。智慧警务作为新型警务形态，是通过大数据、云计算、物联网等信息技术，驱动组织机构、业务流程、行为关系的优化再造，使社会安全治理层次和水平得到提升，使治理过程更加优化、更加科学、更加智慧。一方面，智慧警务建设及建成之后所带来的实际意义成为安全管理转向安全治理的实践价值的重要表征；另一方面，智慧警务“三维一体”建设目标定位是实现转向的根本路径。

关键词：社会安全治理　智慧警务　“三维一体”

“治理”一词源于国外，其英文是“governance”。西方政治学家和管理学家之所以提出这个概念，并主张用它替代统治，是因为他们在社会资源的配置中既看到了市场缺陷，又看到了安全管理的不足。从一般意义上讲，中外学者对“治理”的界定都侧重治理主体和治理手段的多元化、治理结构的扁平化以及治理运作机制的竞争化。安全治理的根本是对安全风险的治理。在当代风险社会，各类社会风险跨界性、关联性增强。尤其是在大数据环境中，社会安全更是面临着全新的挑战，需要对其风险进行有效治理，这既是维护社会公共安全、增强人民群众安全感的时代要求，更是国家治理体系和治理能力现代化建设的重要组成部分。

本课题研究的安全是狭义的社会安全，主要是指公安机关及其他社会安全综合治理机构依据国家公共安全政策和法律法规管理社会，为公众提供治安秩序的公共行政管理过程，以及由此形成的安全、有序的社会状态。社会安全风险是“可能引起社会安全秩序紊乱、社会不稳定的一系列潜在因素的统称”[1]。这些潜在因素既是一种隐患，也是一种不确定性和可能性，无论是隐患变成明疾，还是不确定性变成确定性、可能性变成现实性，都需要相应的条件，风险治理就是通过多种措施杜绝

* 朱志萍，上海公安学院教官。

1 台运启、刘艺：《解读社会治安风险评估》，载《现代世界警察》2016 年第 4 期。

这些条件的形成，起到防患于未然的作用。

一、安全管理转向安全治理是顺应新形势变化与发展的必然要求

安全管理转向安全治理是顺应当前诸多形势变化和发展的必然要求。

（一）当前社会安全生态环境复杂，社会安全面临着诸多风险变量，安全管理已无法继续停留于应急处置的应对局面。

当前社会变化对安全领域的影响是：社会安全除了一般意义上的人、车、物等风险隐患，还存在着诸多新的风险类型，也是社会安全面临的风险变量。

一是城市要素存量变化和增量出现而形成的变更风险。在宏观层面，城市的特点是人、车、物等要素高度聚集，随着城市的发展，这些要素又有了的存量变化和增量出现，导致隐患问题潜藏其中，城市运行安全风险更加突出。以人口为例，国家调整城市规模划分的标准就是人口数量，超大城市人口基数大，对公共安全服务需求总量大、种类多，个性化要求也高，同时也使得公安机关甄别“坏人”的难度加大。而且，城市人口密度越高，越容易形成大客流、大车流，稍有不慎就会造成群死群伤。在微观层面，具体到某项活动，也会由于城市要素存量变化和增量出现而产生变更风险，典型的如上海“12•31”外滩拥挤踩踏事件。

二是城市管理中存在控制间隙造成漏项而带来的剩余风险。在管理学中，剩余风险是指运用了所有的控制和风险管理技术以后仍未能被覆盖的风险。这类风险在城市管理中也存在。剩余风险如果超过组织可接受的水平，组织就必须安排进一步的安全控制，将剩余风险降低到可接受的水平，这也是风险管理的目标。

三是城市管理相对滞后、认知缺乏、预见性不足而造成的新兴风险。新兴风险最典型的就是共享经济带来的风险。当前，众多经济运行新业态的出现是以科技创新为支撑，适应消费者全新消费需求的产物。但作为新生事物，几乎所有行业领域新业态的兴起与发展都遭遇了初期无序生长的窘境，网上约车、共享单车、网上订餐等无不如此，带来不少社会安全隐患，甚至一些与新业态行业有关的违法犯罪居高不下。如何对诸多新兴风险隐患进行识别，并如何加以有效治理，这是当前城市安全治理亟待解决的重点课题。

同时，随着社会快速转型、科技高速发展，大量新技术、新产品问世，具有去中心化、难识别、难溯源等特点，一旦失控极易破坏公共秩序。例如，3D 打印技术已经可以用于制造枪支配件、管制器具、钥匙等特殊物品；无人机肇事肇祸案事件屡见不鲜等。这些都是社会安全及公共秩序管理方面难点、热点问题的典型表现。

（二）当前社会的主要矛盾要求延展社会安全治理的视野，将其置于总体国家安全观和民生大局观进行思考，使得安全管理已不能继续停留于应急处置的应对局

面。

经济社会的发展充分显示，人民日益增长的美好生活需要和不平衡不充分的发展之间的矛盾成为当前社会主要矛盾。美好生活的基础是安全，离开了安全就不可能谈及美好生活；没有安全感，也就没有获得感、幸福感和满足感了。人身安全、财产安全、生产安全、投资安全、居家安全、出行安全等都是与人民群众的日常生活密切相关的，安全不安全只能由人民来评判，这既是最基本的民生问题，也是总体国家安全观的基本内容。

我国总体国家安全观以人民安全为宗旨。社会安全不仅需要考量其内部各要素之间的相互关系，更需要考量与其他安全要素之间相辅相成的关系，以及与国际国内整体安全环境之间的关系，真正解决那些应该做到而尚未做到的问题，这也是用系统思维构建风险时代社会安全风险治理体系的基本要求。

二、智慧警务建设是适应安全管理转向安全治理要求的新型警务形态

建设智慧警务是当前公安机关在大数据战略驱动下，着力打造共建共治共享社会治理格局的重要举措。智慧警务作为新型警务形态，是通过大数据、云计算、物联网等信息技术，驱动组织机构、业务流程、行为关系的优化再造，使社会安全治理层次和水平得到提升，使治理过程更加优化、更加科学、更加智慧。

（一）智慧警务的基本属性是实现社会安全管理转向安全治理的基础。

充分认识智慧警务的属性是探寻智慧警务实践发展的逻辑基础。

1．深度信息化与创新性。从工程建设的角度来看，智慧警务以信息科技为基础，主要涉及泛在的感知技术、下一代网络信息通信技术、云计算、多媒体仿真等多项应用技术，实现相互交叉、整合、创新与应用，成为智慧警务建设深度信息化的技术支撑，也直接赋予智慧警务建设更深的内涵和更高的格局。而且大数据是其最核心的战略资源，一方面是从大处着眼，突出“高精尖”，加大云计算等重点领域的创新攻关力度，形成全方位、全时空、数字化、立体式、动态性智慧警务模式；另一方面是在小处着手，突出“短平快”，结合实战需求，实现高科技的全警用、全域用、全程用。

2．高度系统性与整体性。在警察组织现有的大系统中，各警种、各部门都有其固定的功能和属性，对其中的人、财、物、信息、资源等往往是分别设置、各自建设，造成的结果不仅是人力、物力、财力的浪费，而且还相互分割、各自为政，严重制约着公安机关的整体战斗力。智慧警务建设作为一个庞大的系统工程，要求将警察队伍建设和警务工作视为一个整体，认识到警务活动本身并非若干功能的简单叠加，而是一个复杂的系统。由此正是通过全力打造信息技术的升级版，以感知

化、互联化、智能化的方式，将警务运行中的各类基础设施连接起来，并将信息采集、分析研判、运筹指挥、现场处置等所需的综合应用软件、服务器、网络和用户终端连接起来，使之成为一个有机整体，各类资源可以根据系统的需要，各司其职发挥最大价值，各部分功能协调运作，实现“1+1>2”的系统效应。

3．高效共享性与服务性。当今社会，谁拥有了大数据，谁就拥有了巨大的资源和财富。但目前的一个悖论是，数据越多，“孤岛”就越多——“数据孤岛”“资源孤岛”“信息孤岛”此起彼伏，完全限制了大数据价值的真正发挥。智慧警务建设将依托“云”等现代技术手段，打破封闭把这些“孤岛”连接起来，实现公安机关各部门之间在数据、资源、信息等方面的高度共享，并形成具有统一性的资源体系和运行体系。也正是因为智慧警务高效共享的属性，才使各项业务流程的各个环节都能更好地为行政管理相对人提供更便捷、更智能、更灵活、更及时的服务，这必将推动各类警务职能部门之间形成一系列的新型合作服务模式。所以于民众而言，就是能通过智慧警务建设的具体举措深刻感受到均等化、多元化、人本化的公共安全服务。

4．以“智”为标志的技术属性与以“慧”为标志的人文属性相融合。智慧警务是警方硬实力与软实力的综合体，硬实力体现为“智”，软实力则体现为“慧”。智慧警务以新一代科学技术为基础，故其本身首先具有以“智”为标志的技术属性。但显然，“智”仅仅是智能化手段在警务运作系统和流程中的运用，凸显其在智慧警务建设中基础性的物理作用。智慧警务更要突出警务运作的人文化、人本化，并进一步强调广义警务运作主体的参与性和创造性，这是以“慧”为标志的人文属性。“智”与“慧”相融合也是智慧警务区别于其他一般警务形态的特有属性。[1]

只有同时具备上述四项基本属性，才能称为真正意义上的智慧警务。智慧警务建设就是在高科技信息化强劲推动下走出的一条“警力不足科技补”的现代警务创新之路，其目的在于运用科技化手段实现社会安全风险治理的精细化、多样化、精准化。

（二）当前安全治理的“四化”要求引领着智慧警务建设的基本方向。

作为现代化转型的基本要求，社会化、法治化、智能化、专业化既是安全治理的基本要求，也引领着智慧警务建设的基本方向。

1．安全治理的社会化要求智慧警务建设坚持协同治理理念，明确治理主体的多元化。当今社会是一个人民需求不断呈现出多样化、多层次、多方面特点的社会，而传统粗放式、经验化的社会管理往往从公共服务提供者的便利性出发，而忽视了民众诉求，不能满足社会和民众的个性化需求。所以，当前比以往任何时候都更需

1 张兆端：《智慧公安——大数据时代的警务模式》，中国人民公安大学出版社 2017 年版。

要构建一个多元主体合作共建的治理新框架，以打造一个安全治理人人有责、人人尽责的命运共同体，这也是安全治理的根本理念。

从技术角度看，智慧警务是大数据时代的警务模式；从人文角度看，智慧警务则是社会治理新常态下的警务模式，建设的基本方向是要形成多方社会力量共同参与的共建共治共享的社会安全治理格局。以往将警务视为警察的工作、警察的事务。互联网时代更应该从广义的角度理解警务，即警务是一种旨在维护公共秩序、预防违法犯罪的社会治理行为，其主体涉及国家职能机构、社会组织、行业协会、民间团体等。这就需要大量社会机构和组织都树立主动参与安全治理的意识。所以，区别于传统的应急处置模式，新常态下的安全治理强调治理活动承担者的多主体性，其行为主体不再是单一的公安机关，而是由政府、社会、公众群体及居民个体等形成的一个多元主体系统，相互之间产生良性互动，共同在安全事务的治理活动中协商共进。由此意味着，智慧警务建设坚持协同治理，不仅要注重警察组织自身的资源优势和职业使命，还要把警察组织与环境协同起来，突出社会整体性关系。在安全治理形势下，警方不仅是社区警务活动的“执行者”，更是社会平安建设的“组织者”，需要重视发挥其他社会管理部门、单位内保力量、保安公司、物业服务企业、居委会等社会单位、企业、群众自治组织和社会团体的作用，进一步落实对安全风险的前端管理责任，拓展社会多方主体提供安全服务“产品”的内容，通过市场购买服务、社区自治公约、邻里守护相望、微信群体性互助等多种形式，畅通需求方就近快速获取安全服务的渠道。

2．安全治理的法治化要求智慧警务建设需要依法而治，确保有法必依、违法必究。法治就是宪法和法律至上。“法”是依据、“治”是手段，法治的本质是反映社会正义感且高于一切公权力的规则，这就意味着，一个法治的国家或社会，以宪法为中心的法律体系必须被崇尚，所有人、所有机构，都首先需要接受法律制约，法律必须平等地适用于社会组织和公民个体；更进一步讲，作为拥有一定权力的政府机构及其公职人员，还需要有清晰的权力界限，尤其要对法律负责，公正地适用法律，公平地运用法律保障每个人的合法权益。简言之，新常态下法治的根本价值就在于它是社会实现良好治理的核心要素，正是法治形成了善政与恶政、善治与恶治之间的差异。[1]

警务活动是社会治理中具有特殊价值和意义的一种安全治理和服务活动，公安机关作为活动主体，正是以其执行法律的特性而与其他一些政府职能部门区分开来，其依法而治的能力也是社会治理体系和治理能力现代化的重要组成。智慧警务建设过程中，面临着推动警务活动信息化发展、提升公共安全服务的数量和质量、创新

1　朱志萍：《社会治理新常态下法治公安建设的若干思考》，载《浙江警察学院学报》2016 年第 3 期。

安全治理体制等多重任务，一方面需要立足法定的职责权限，在执法实践中贯彻法治精神、践行法治思维、运用法治方式来处理和解决与社会治安治理、安全风险管理等相关的各类问题；另一方面，技术手段的运用、警务流程的优化再造，也使得执法与管理的依据更彰显出依法而治的客观性和权威性，更能实现警务活动提质增效及队伍管理科学化。

3．安全治理的智能化要求智慧警务建设需要以信息化的快速迅猛发展作为基础动因。当今社会是一个智能化的社会，移动互联网、大数据、超级计算、传感网、脑科学、“人工智能+”等新理论新技术为安全治理能力现代化提升带来了新契机。智慧警务作为一种新型警务形态也要积极运用新科技的力量突破人的体力和脑力局限，解决传统人工手段难以解决的问题，实现各类信息数据资源高度聚合。一方面，于警务实战而言，就是以现代信息技术为平台，整合现有的业务应用系统，将原来分散在各层级、各部门、各应用系统中的业务流和信息流加以整合，构造起一个覆盖广泛、实时更新、智能决策、无缝共享的警务综合信息系统，进而通过业务流程与信息技术的有效融合，建立起扁平、开放的流程型警务组织结构，并在实际运作中实现感知泛在、研判多维、指挥扁平、处置高效的精准警务。另一方面，于队伍管理而言，就是要以智能化的方式实现队伍管理效能的最优化，突出动态管理、智能分析的功能，完善队伍整体质态和个体情况的信息收集、传输、共享等机制，由此实现队伍思想政治工作的实时、动态、智能管理，并为警员个体量身确定职业目标和发展路径，以现代化手段充分释放和激发警察队伍的活力。

所以，将大数据优势转变为警务决策优势，继而转化为治安优势，使安全治理更加精确、更加有效、更加快速，不断提高预测预警预防各类安全风险的能力，这正是信息化为智慧警务建设奠定了坚实的技术基础，也为智慧警务建设找到了制胜的关键。

4．安全治理的专业化要求智慧警务建设必须走专业化道路。安全治理专业化的发达程度是衡量一个国家或地区安全服务和安全治理水平的重要标志。智慧警务建设强调专业化是对治理主体多元化的补充，需要专业的理念、专业的技术和方法，尤其需要加强各类高素质专业化人才队伍建设。

首当其冲的是要与大数据的广泛应用相匹配，培养一支具有大数据思维和专业知识的数据警察队伍。一方面必须加大作为数据警察后备力量的学警的培养力度，特别是要着力培养善于挖掘数据、机器学习等大数据关键技术领域的专业人才。由此要求在警察学院课程设置方面，开设具有特色的大数据技术课程，从增加学警对大数据的了解及培养其兴趣入手，并尝试加强大数据相关课程在警察人文社科领域的融入，既强化学警挖掘数据、分析数据、运用数据的能力训练，又培养具备丰富人文素养的跨学科专业化人才。另一方面也要制定激励和推动措施，鼓励各级警务管理者开展大数据使用理念和基础技术培训，提升警务决策人员对数据的敏感度和对数据的分析能力，树立数据驱动型决策的理念并用以指导实践。同时还要不断加强与地方院校、科研院所的交流合作，在高起点上实现数据警察人才培养的高水平。

此外，也要与现代警务流程再造相适应，通过建立“全科搭配专科”的递进执法模式，突破现行警务机制架构的束缚，健全完善精准警务运作机制，并借力警务要素重组与升级，着力推进“大警种”“大部门制”改革，转变“粗放式”传统警务模式，实现警力的集约使用和处置的精准高效，凸显专业化建设的优势。

三、智慧警务建设对于安全管理转向安全治理的实践价值

价值是客体能够满足主体需要的效益关系。从安全治理转向而言，智慧警务建设及建成之后所带来的实际意义成为其实践价值的重要表征。

（一）创新安全治理技术，提高安全产品供给的数量与质量。

智慧警务建设是围绕公共安全产品开展的供给侧改革，其目的在于为打造最安全的城市贡献警队智慧。当前社会公共安全需求不仅具有多样性，而且各类安全需求相互交织、相互作用，这就决定了社会公共安全的复杂性，也加大了社会公共安全供给的难度。但同时，当前也是新一轮科技革命兴起的时代，特别是信息科技向数据科技的发展，都为创造性地运用现代科技最新成果、破解公共安全治理难题提供了强大的技术支撑，而这恰恰是智慧警务最基础的手段创新。智慧警务建设首先就是依靠大量科学技术手段和设备，将工作重心从事后处置移至事前预测、预警、防范，以公共安全智能化水平的提升为依托，促进社会安全治理技术创新，最终提高公共安全产品供给的数量与质量。

（二）降低安全治理成本，提高安全风险治理的效率与水平。

公安机关为实现社会治安、维护公共安全投入的成本：一是以警力数量和人岗匹配度为标志的人力资源，如单纯的警力数量、基层与机关的警力分配与结构等；二是以技术手段为标志的科技资源，如智能警务终端、智能无人机、人脸围栏等用于警务实战的各类高科技手段；三是以警察执法权益保护为标志的环境资源等隐性成本。

维护社会安全的成本最终需要与强调可持续性的科学发展观相一致。智慧警务建设就是注重加大信息科技手段与资源的研发使用，如在感知和研判环节用技术设备代替人力，既能通过减少工作的盲目性而提高警务工作效率，又能通过向科技要警力实现安全风险治理中的技术升级。智慧警务建设引入精细化的理念和原则，有效遏制社会安全治理过程中的资源浪费，确保各系统利用更加专业的治理方式、更

加标准化的警务流程、更科学的监测评估方法、更低的成本，实现安全治理资源特别是执法资源的集约化配置、系统化整合，确保各环节、各流程无论是信息互通共享还是资源流通运用都能统筹联动、步调一致，由此实现更优质、更高效、更关注细节和更加人性化的安全治理效果。

（三）调动全社会参与安全治理的主动性积极性，提高公共安全治理的公平正义。

社会公共安全治理并非专业部门的技术命题，并非警察部门一个机构的任务与职责。如何调动社会参与积极性的问题是首先需要解决的，否则就可能导致安全治理成果分配的不公正。智慧警务建设通过高科技手段搜集、检索、挖掘海量数据，掌握全系统、全覆盖的社会诉求，以此为基础，更为科学、精准、迅速地回应社会诉求，体现主动作为、有效作为。社会公众作为“反哺”，才会积极参与社会治理，参与公共安全体系建设，实现公共安全事务的公共治理。同时，智慧警务所坚持的建设众筹、技术众筹、服务众筹、数据众筹等众筹理念，从其本质上讲就是一种社会公众参与治理的警务理念。这种警社合作是更深层意义上的公正，旨在于秩序与活力的平衡中保障城市公共安全。

四、智慧警务“三维一体”建设目标是实现安全管理转向安全治理的根本路径

智慧警务作为新型警务形态，需构建“三维一体”的具体目标以实现安全管理转向安全治理。智慧警务建设的最大成就是通过大数据、物联网、云计算等现代科技手段实现警务“生产力”的极大解放，这是智慧警务建设的第一维，是最基础的维度。警务“生产力”的解放必将带动警务“生产关系”的调整，倒逼警务模式的优化升级、警种机构的优化重组和警力资源的优化配置，现代警务流程再造成为智慧警务建设的第二维，是最核心的维度。更进一步，智慧警务不仅仅是对外的警务形态调整，更是内部警队改革无法回避的，而且只有由内而外，才能由表及里。由此，队伍管理现代版升级成为智慧警务建设的第三维，是最重要的维度。技术创新、流程再造、管理升级成为智慧警务“三维一体”建设的目标定位，也是实现安全管理转向安全治理的根本路径。

一方面，警务作为警察部门的事务性工作，包括行政执法、刑事司法和内部管理等。警务流程是处理警务的行为过程，以现代信息手段为支撑，警务流程再造就是公安机关根据政府流程再造的一般规律并结合警务工作的特点，对处理警务的步骤、程序和方法等进行根本性思考和彻底重建，其目的在于使警务资源配置更加集约高效。通过科技含量提升和警务机制优化，探索形成感知泛在、研判多维、指挥扁平、处置高效的精准警务模式，减少数量规模型、人力密集型、低效重复型勤务

模式，进一步提高警力实用效能和警务运作效率。

另一方面，在智慧警务建设框架下，实时汇集全体民警工作指数，通过智能分析系统，寻求基本度量指标，对各警种、各分局警务工作负荷合理赋值。同时，按需统筹设置警务种类。横向对比不同警种之间、纵向对比一段历史时期警种的警均劳动负荷，根据智慧警务建设进程，匹配智能化带来的人工解放度和新警种设置需求，直观展示警种警务负荷强度和发展趋势，指引警种、机构的取消、合并、增设。同时，结合绩效考核模块对警员能力评定和警员日常“大数据”积累，指引不同能力水平、不同性格的人员流向有相应需求的警种岗位，真正做到人岗适配。

综上所述，智慧警务不仅是一种以高技术为标志的警务工作形态，更是一种以多元协同为内涵的警务治理理念，以及追求法治化、人文化的警务价值思想，体现的是技术手段、基本治理制度和警务人文的互动与融合。从更深层意义上讲，智慧警务建设很大程度上就是警队为适应经济社会发展而进行的一场自我警务革命。这场革命的成败在于能否以最大的决心和力度解决之前警务运作中存在的制度性问题。制度性问题是根本性问题，警务流程再造与现代队伍管理升级，归根结底都势必触动各项制度的改变，只有用更加科学完备的制度供给来消除之前的弊端，警队的发展与安全治理水平才能持续走上更高台阶。

创新发展新时代的“枫桥经验” 全力推进“智慧警务”建设

——以呼和浩特市公安机关为例

傅 兵*

摘 要：“枫桥经验”形成于55年前，历经半个多世纪，生命力依然顽强。“枫桥经验”能够历久弥新、不断发展，在于它所具有的鲜明的群众性和丰富的实践性，由此形成了“枫桥经验”不断发展的内在动力。“枫桥经验”鲜明的群众性特征告诉我们，公安工作必须始终植根于人民之中，一切以人民为中心；“枫桥经验”丰富的实践性特征告诉我们，做好公安工作关键在于充分发动和紧紧依靠人民群众。近年来呼和浩特市公安机关以“智慧警务”建设为抓手，创新发展新时代“枫桥经验”，取得了显著成效。

关键词：“枫桥经验” 智慧警务 呼和浩特市公安机关

2018年11月22日是毛泽东同志亲笔批示“枫桥经验”55周年纪念日。20世纪60年代初，浙江省诸暨市枫桥镇的干部群众在社会治安综合治理工作中，总结探索出了“发动和依靠群众，坚持矛盾不上交，就地解决。实现捕人少，治安好”的成功经验。1963年11月22日，毛泽东同志在公安部递呈的书面发言稿上作出批示：“要各地仿效，经过试点，推广去做。”由此，“枫桥经验”成为全国政法战线上一个脍炙人口的典型。笔者通过对相关资料的整理发现，“枫桥经验”的主要理念，是将群众的问题在群众中解决，发动群众的力量去解决，矛盾不上交等。[1]

2018年也是习近平同志指示坚持发展“枫桥经验”15周年。2003年11月，时任浙江省委书记的习近平同志在浙江省纪念毛泽东同志批示“枫桥经验”40周年大会上明确提出，要牢固树立“发展是硬道理、稳定是硬任务”的政治意识，充分珍

* 傅兵，公安部公安发展战略研究所城市警务研究中心研究员，内蒙古自治区呼和浩特市警察协会秘书长。

1 程世哲：《“枫桥经验”和党的群众路线》，载《法制与社会》2018年第6期。

惜“枫桥经验”，大力推广“枫桥经验”，不断创新“枫桥经验”，切实维护社会稳定。2013 年 11 月，在纪念“枫桥经验”50 周年之际，习近平总书记就坚持和发展“枫桥经验”作出重要指示。他强调，各级党委和政府要充分认识“枫桥经验”的重大意义，发扬优良作风，适应时代要求，创新群众工作方法，善于运用法治思维和法治方式解决涉及群众切身利益的矛盾和问题，把“枫桥经验”坚持好、发展好，把党的群众路线坚持好、贯彻好。习近平总书记的重要指示，为创新和发展新时代“枫桥经验”提供了重要指引。

一、创新发展“枫桥经验”对新时代公安工作的启示

“枫桥经验”形成于 55 年前，虽历经半个多世纪，生命力却依然顽强。纵观半个多世纪的发展历程，“枫桥经验”在各个不同历史时期都发挥着积极作用，历久弥新、不断发展，并逐步打造出具有鲜明时代特色的“枫桥经验”新时代版本，成为新时代做好党的群众工作的一个重要指引。“枫桥经验”为什么能够历久弥新、不断发展呢？笔者认为，答案就在于“枫桥经验”本身，在于它所具有的鲜明的群众性和丰富的实践性，由此形成了“枫桥经验”不断发展的内在动力。

（一）“枫桥经验”鲜明的群众性特征告诉我们，公安工作必须始终植根于人民，始终坚持以人民为中心的发展思想。

“枫桥经验”之所以能够生命力顽强，历久弥新、不断发展，关键在于它的根脉深扎在基层，走的是群众路线。“枫桥经验”最鲜明的特征是一切为了群众，一切依靠群众，让群众得实惠。这与我们党“一切为了群众，一切依靠群众，从群众中来到群众中去”的群众路线的本质要求是一脉相承的，与建设“平安中国”的根本目的是一致的。[1]坚持群众路线是中国共产党的优良传统和政治优势，在中国革命、建设和改革等不同历史时期，毛泽东等老一辈革命家和共产党人矢志不渝地践行群众路线。党的十八大以来，以习近平同志为核心的党中央提出以人民为中心的发展思想，成为习近平治国理政的核心理念。“枫桥经验”的核心要义与以人民为中心的发展思想是高度契合的，这就要求公安机关把人民对美好生活的向往作为奋斗目标，运用法治思维和法治方式解决涉及群众切身利益的矛盾和问题，努力让人民群众在每一个案件中感受到公平正义，不断满足人民日益增长的美好生活需要。

（二）“枫桥经验”丰富的实践性特征告诉我们，做好公安工作关键在于充分发动和紧紧依靠人民群众。

“枫桥经验”的核心内涵之一就是发动和依靠群众，其丰富的实践性特征集中

1　马永定、戴大新、吴家宝：《枫桥经验：践行党的群众路线的典范》，载《观察与思考》2013 年第 11 期。

体现在“共建、共治、共享”上。从治理结构和方式上看，“枫桥经验”与现代治理理念完全契合，体现出多元主体的共同参与和管理，强调社会各方面力量的参与及共治，蕴含着丰富的现代治理因素。“枫桥经验”本身所具有的丰富的实践性特征，决定了必须与时俱进，创新发展。一方面，准确把握“枫桥经验”的深刻内涵，继承和传扬“枫桥经验”；另一方面，注重概括和提炼“枫桥经验”的新内涵，不断融入新时代的理念和元素，打造新时代的“枫桥经验”。

二、以“智慧警务”建设为抓手，创新发展新时代“枫桥经验”

中国特色社会主义进入了新时代，我国社会主要矛盾已经从人民日益增长的物质文化需求与落后的生产水平之间的矛盾，转化为人民日益增长的对美好生活的需要与不平衡不充分的发展之间的矛盾。新时代公安工作必须适应当前社会主要矛盾的变化，满足人民对美好生活日益增长的需求，促进“枫桥经验”的与时俱进，不断创新发展。

坚持专门工作与群众路线相结合，是公安工作的一条重要方针和传统优势。在以互联网、大数据、人工智能等为显著特征的新的历史发展时期，公安机关如何顺应新时代条件下公安工作所面临的机遇与挑战，进一步探索如何加强和创新社会治理、推动全面建成小康社会的新路径，是创新发展新时代“枫桥经验”的应有之义。

（一）以“雪亮工程”和“智慧警务”建设为抓手，打造新时代“枫桥经验”创新版。

“雪亮工程”是以综治中心为指挥平台、以综治信息化为支撑、以网格化管理为基础、以公共安全视频监控联网应用为重点的“群众性治安防控工程”。各级党委政法委和综治部门都应当把加快“雪亮工程”建设作为提升本地区平安建设水平的重要基础性工作来抓，推动综治工作由事后处置向前端预防转变。“智慧警务”是公安机关未来的发展方向，要以“智慧警务”建设为抓手，充分发挥“雪亮工程”的支撑作用，全力推进“云上公安、智慧警务”大数据战略，全力打造以综治中心为指挥平台、以综治信息化为支撑、以网格化管理为基础、以公共安全视频监控联网应用为重点的群众性治安防控的“雪亮工程”，把一个个鲜活的数据转化为一个个平安符号。

各级公安机关应紧紧抓住“雪亮工程”“智慧警务”建设的有利契机，加快推进跨区域、跨部门、跨行业的视频图像信息联网建设，通过公安信息技术和大数据优化配置治安资源要素，打破条块、部门之间的信息壁垒，消除信息“孤岛”，深度整合政务、服务、管理等资源，加快社会面视频监控资源的集成应用，推进社会面视频监控建设联网应用，全面实现公共安全视频监控全域覆盖、全网共享、全时可用、全程可控，全力提升治安防控科技化、信息化、智能化水平。努力实现视频图像信息共享、信息快速化处理、精细化管控，并做到适时指挥、调度和监督。把治安防范措施延伸到人民群众身边，发动社会力量和人民群众共同监看视频监控，共同参与治安防范，从而真正实现治安防控“全覆盖、无死角”。

近年来，呼和浩特市公安机关站在新时代、新起点，面对新问题、新挑战，提出新战略、新举措，着力推进“智慧警务”建设，推动警务模式全新变革，实现公安科技信息化跨越式发展，向广大人民群众递交更加合格的公共安全产品。特别是近两年来，聚力打造以“1346”（即一个发展愿景、三大基础工程、四大技网支撑、六大创新应用体系）工程建设为核心的“智慧警务”升级版工程，实现了警务运作更高效、打防管控更精准、服务群众更便捷的奋进目标。

社会治理是国家治理的基础，加强和创新社会治理是社会主义社会发展规律的客观要求，是人民安居乐业、社会安定有序、国家长治久安的重要保障。作为少数民族自治区首府公安机关，呼和浩特市公安机关面对当前防范化解重大矛盾风险、维护社会和谐稳定领域出现的新情况、新问题，不断提升政治站位、强化政治担当，立足全国全区发展和稳定大局，扎根少数民族地区警务实践基础，牢固树立以人民为中心的公共安全观，不断增强工作预见性、主动性，聚力防范化解风险隐患，全力防范应对各种风险挑战，不断提高首府公安机关公共安全管理水平。一是强化科技应用、创新完善治安防控体系，夯实基础设施、深化隐患治理，推进视频监控“覆盖网”、街面治安“巡防网”、社区警务“前置网”、社会治安“管控网”、单位内部“安防网”、网络安全“导控网”六张网建设，建立了以市局、分局、派出所、社区四级巡控为主体的立体化巡防体系，集中打造了“平安365”等一批亮点工程。二是积极防控化解经济金融风险，深入开展打击非法集资、网络传销等涉众型经济犯罪专项行动，坚持以控赃追赃为重点，注重强化追赃挽损，着力保护受损群众的合法权益，最大限度地防范化解金融风险。三是强化信访秩序整治，着力化解信访积案，正确处理维稳与维权的关系，妥善处置群体性集访和来呼进京非访问题。结合“大调研、大排查”活动，牢固树立民意引领的新理念，加强群众工作，以社区和村为最小单位，对社会矛盾进行全面摸底排查，全面加强辖区公共安全隐患调查梳理，严防各类矛盾交织叠加、引发连锁反应，最大限度地降低了公共安全风险，确保社会大局持续稳定。

按照“抓早抓小抓苗头、防微防渐防端倪”的施策要求，呼和浩特市公安机关将传统方式与现代手段紧密结合、源头维稳与深层掌控互为支撑，情报导侦与适时打压同频共振。一是依托危险物品管控系统、物流寄递业系统、散装汽油管理系统等，对各类危险物品实施“流程化”管控，锁紧源头、扎口管理，严防流进、流出、流失，有力地确保了危险物品案件“零发生”。二是依托环城际市际高标准智能检查站及机场、车站、长途汽车站实名制查验信息系统，以及人像比对、人车查验等技术，实时掌控人车流动信息，通过与大数据情报系统对接自动比对碰撞报警，在严防暴恐人员流入的同时，充分发挥打防管控和围追堵截的综合实战效应。三是依托治安管控系统，完善治安信息采集源头，建立治安大数据中心，完成对“人、地、物、事、行业、场所”和“吃、住、行、消、娱”信息的有机整合，构建一张立体化、智能化、全方位的信息采集网，实现治安信息采集社会化、人员信息对比自动化、布控信息推送自主化，形成了一张覆盖全市的预警管控网络。

呼和浩特市人民群众的安全感、幸福感和获得感普遍提升。2018 年 1~8 月份，全市刑事案件发案同比下降 21%，破案同比提升 10.4%，破案绝对数同比提升 13.7%。在 2018 年 2 月央视权威发布的“2017—2018 年度中国十大最具幸福感城市”中，呼和浩特市位列第四名。

（二）以全面深化“放管服”改革为引领，加快构建“智慧民生警务”新平台，打造新时代“枫桥经验”民生版。

我国已经全面进入中国特色社会主义新时代，全面建成小康社会的号角已经吹响。时代必将赋予“枫桥经验”以全新的内涵，那就是从治理到服务的不断升级、丰富发展，从治理向服务转变，给人民群众带来更多的获得感和幸福感。各级公安机关应当以“智慧民生警务”为抓手，将“枫桥经验”升级为“互联网 +”的民生版，赋予其全新的内涵，与深化公安机关“放管服”改革紧密结合起来，大力推进“互联网 + 公安政务服务”应用，努力提升人民群众的幸福感和满意度。

近年来，呼和浩特市公安机关充分运用“互联网 +”新技术，聚焦“警务公开、阳光执法、便民服务”，以“智慧民生警务”新创意，拓展便民服务新通道、提升执法为民新水平、架起警民互动连心桥，为深化公安“放管服”改革创造了有利条件。一是搭建“互联网 + 民生服务”平台。分两期建成以服务群众办事为核心的“呼和浩特市公安民生综合服务平台”，群众可以足不出户在线查询办理治安、户政、交通管理、出入境等 267 项办事业务。该平台开通以来，累计接受群众访问 110 万余次，群众查询 50 万余次，群众咨询 3600 余次，办理各类服务事项 3 万余件。二是搭建“互联网 + 治安管理”平台。针对需公安审批的旅店业、网吧业、典当业、印章业、开锁业、汽车租赁业以及二手手机交易等特种行业审批，搭建起集办证、换证、变更、补办、注销、年检等于一体的网上流转办事平台，群众只需一次性将审批事项录入平台，即可实现网上在线办理，自动生成管理档案，有效解决了“办事难”的诸多问题。同时，通过与被监管行业的信息采集互联互通，对每一项经营活动即时掌控，有效实现了业务管理的“流程化、规范化、责任化”，进一步提升了治安动态管控监管水平。三是搭建“互联网 + 交通管理”平台。依托交通大数据平台的各类信息资源，构建起“互联网 + 网站、手机 App、双微、交通广播、诱导屏”等智慧交通服务平台。通过交管“12123”互联网服务平台、手机APP服务平台，为群众网上在线办理车驾管业务180余万件，缴纳交通违章罚款17万余次，处理轻微交通事故3900余起，提示挪动违规停车或阻碍停车3200余起次。同时，在城区多点布局建设“一站式”交通服务自助机，方便群众就近咨询及办理交纳罚款等交管业务。与第三方公司签订了战略合作协议，可在手机终端或车载电子地图中更加精准反映实时路况及突发事件，提供最优路线规划，进行实时动态诱导，为驾驶员提供更准确的交通信息服务。通过“双微平台”，进一步提升了交通安全宣传新水平。目前，微信平台关注人数已达2万余人，微博平台关注人数超过61万余人。共计发布图文信息3000余条，曝光交通违法行为8000余条，收到群众举报信息1万余条，回复群众问题6400余条；官方微博共发布微博1.2万余篇，收到群众投诉等回复意见500余条。四是搭建“互联网+出入境管理平台”。建成全区首家自助预受理系统平台，该系统具备身份证识别、指纹采集、人像采集等功能，实现业务网上流转、网上审核，既提高了质量效率，又实现了方便快捷。启用该系统，申办时间由过去至少1小时缩短为10分钟左右。此外，引入自助拍照机，采集人像全部流程只需3~5分钟，有效解决了群众排长队等候的问题；引入先进的自助签注设备，一次性地完成受理、缴费、制证业务，申办签注时间由过去两天缩短为仅需2分钟；引入自助取证业务，申请人持受理单、身份证即可24小时随时取证。五是搭建“互联网+可信身份认证”平台。为深入推进“最多跑一次”的“放管服”改革，与公安部第一研究所合作，搭建起“互联网+可信身份认证”平台，利用居民二代身份证生成“网证”（电子身份证），只需“扫码和刷脸”即可认定身份证，极大地方便了群众办事服务。目前，已在市区各个公安业务服务中心以及酒店、网吧等400余个服务窗口和行业场所开通了“互联网+可信身份认证”业务，成为首府公安“最多跑一次”改革的有效延伸。

以新时代“枫桥经验”推进城市社区社会治理

——苏州市吴中区红庄社区社会治理调查及思考

石中炜* 陈振华**

摘　要：苏州市红庄社区的社会治安状况和社区治理工作具有典型性。苏州市警察协会组织苏州市吴中区红庄社区管委会及所在地南区派出所共同对红庄社区的社会治理情况进行了一次问卷调查。据统计结果显示，苏州城乡结合部的人口规模和社会组织模式发生着深刻的变化，带来大量的新问题、新矛盾、新课题，外来人口大量涌入更是对社区治理形成巨大挑战，需要我们从新的层面和角度去思考、探索和创新。学习和推广新时代的“枫桥经验”，必须把社区治理纳入整个社会治理的大系统，坚持花大力气做好社会治理基础建设工作，抓好源头治理，把大矛盾转化为小矛盾，把小矛盾转化为无矛盾。认真学习和贯彻毛泽东和习近平对“枫桥经验”的批示精神，结合新时代的特色，创新开拓，落实“善治”，发动群众，党建引领，就一定能实现社会治理工作的新突破、“枫桥经验”的新发展。

关键词：新时代“枫桥经验”　社会治理调查　苏州市红庄社区

2018年7月，苏州市警察协会组织苏州市吴中区红庄社区管委会及所在地南区派出所共同对红庄社区的社会治理情况进行了一次问卷调查，在取得基础数据和信息反馈的基础上，对红庄社区的社会治理情况进行了综合的分析和研判，目的在于为红庄社区进一步以新时代“枫桥经验”推进城市社区社会治理工作提供实践和理论依据。总结经验与探索预测相结合，这是一次为促进新时代“枫桥经验”在更大范围内落地生根寻找科学性依据的有益探索。

一、红庄社区社会治理的典型性

红庄社区由红庄、尹西、双桥三个村合并组建。原有居民共809户，常住人口

* 石中炜，公安部公安发展战略研究所城市警务研究中心《城市警务研究》执行副主编。

** 陈振华，江苏省苏州市警察协会工作人员。

3600人。随着经济和社会的发展，目前该社区总人口猛增到48600人，规模是原来的13.5倍。其中外来人口为45000余人，占比达到92.6%。经济模式也由原来的种植业、养殖业、手工业为主演变成为工业、商业、第三产业为主。大量外来人口的涌入，私房出租业也蓬勃兴起，809户居民中，私房出租的多达780户，出租间数达18000多间，商业店面达1000多家。这些新情况的出现，像汹涌的潮水冲击着红庄社区原来相对平静安宁的生活，民事和经济纠纷频繁发生，外来人口与原住民之间，外来人口自身之间的矛盾冲突日益尖锐复杂，治安事件和刑事案件发生率急剧上升，甚至波及吴江等毗邻地区，社会治理形势日趋严峻。红庄社区成了人口密度高，人员来源杂，维稳难度系数高的典型。

面对这一严重挑战，红庄社区党政领导班子以习近平主席关于把“枫桥经验”坚持好，发展好，把党的群众路线坚持好、贯彻好的指示为方针，结合新时代特色和红庄社区新的区域特点，创造性地坚持和发扬了“枫桥经验”，采取了不少扎实有效、创新开拓的措施，使红庄社区治安形势恶化的局面得到遏制，并向良性的方向发展，群众的满意度也在不断提升。但红庄社区的一些治理热点和难点问题仍未得到完全有效的化解，一些治理措施的落实还存在着“最后一公里”的困扰，离“确保人民安居乐业，社会安定有序”的目标要求还有一定差距。因此，要总结经验、找出不足、扬长避短、开拓创新。

作为决策的先导和基础，当务之急是进一步摸清社情、民情、舆情。苏州市属于经济发达地区，大量外来人口涌入，类似于红庄这样的城乡结合部比比皆是，红庄社区的社会治理现状实际上成了当前苏州乃至中国城市管理的一个缩影。对红庄社区的社会治理的经验和现状进行总结和剖析，有利于促进类似地区社区社会治理对策的不断探索。

二、红庄社区社会治理调查的组织实施

我们对红庄社区社会治理的调查工作采取了问卷调查的方式。

（一）调查对象的确定

为了确保被调查对象的区域性、广泛性、代表性，调查人数为500人（实际调查501人），调查对象的筛选和确定遵循三个原则。

一是调查对象和总人口的籍贯占比大致相当的原则。红庄社区现有外来人口占总人口的92.6%，常住人口8%左右。我们要求被调查人员中外来人口不低于70%，常住人口不高于30%。调查结果显示：外来人口367人，占总调查人数的73.3%，常住人口134人，占26.7%，和总人口的籍贯占比基本吻合。

二是年龄分类呈正三角形的原则。以青壮年为主，年龄越往上占比越少，但也

要确保有少量的老住户、老党员、老干部参与。调查结果显示：40 岁以下的青壮年有 353 人，占 70.5%，65 岁以下的有 119 人，占 23.8%，66 岁以上的有 29 人（基本上以当地的老住户、老干部、老党员为主），占 5.7%。年龄结构基本呈正三角形。

三是职业分类和整体从业态势相吻合，但也不缺失某类业态的原则。按不同的业态选择相应比例的调查对象，但避免“被遗忘的角落”。调查结果显示：该社区务工人员数量最多，选择调查对象 241 人，占 48%；其次是商贸服务业，选择 62 人，占 12.4%；目前仍在务农的最少，因此仅选择了 11 人，占 2.2%；其他如机关事业单位、自由职业、无业或退休的也和该业态总比例大致相当，并基本实现业态全覆盖。

（二）调查问卷的设计思路

对问卷的设计，我们严格把握四个基本要素。

一是调查对象的基本面貌要清晰，但尽量不涉及个人隐私。例如，要求写清被调查者的姓名、性别、年龄、职业、籍贯等基本情况，以确保其真实性，但不要求其提供手机号码、身份证号码、收入来源及数额等属于个人隐私的内容，使调查对象可以放心的配合调查。

二是调查问卷尽可能简单明了。问题大多采用选择题形式，但也给愿意多说一些的对象提供发挥的空间。整个问卷分三个部分共 28 题，其中 26 题是选择题，还有 2 题是问答题。这样的设计，既使调查对象易于回答，不过多耽误他们的时间，也能听取群众更多的意见和建议，并且在调查结束后便于归纳汇总和统计分析。

三是调查内容要紧密结合当前的时代特色和红庄社区的区域特点。红庄社区在新时代的特点是外来人口多，经济业态杂，出租房屋多，各类矛盾交织叠加。我们在进行问卷的设计时，针对不同籍贯的对象提出不同的问题。例如，对外来人员，调查其在本地居住的年限及今后居住方向，并征求他们对“公平感”进行评价等。对常住人口，则设计了其出租房屋的有关数据内容。例如，在第 8 题“你认为本社区在社会治安方面的主要问题（可多项选择）”中，我们共设计了 8 个选项，其中针对红庄社区特点的就有 4 个选项，如“群租房多” “三合一多” “本地人和外地人生活习俗不同而引起的纠纷多” “外地人之间的纠纷多”等。

四是紧紧围绕社会治理这一主题来设计和展开。整个问卷分为三个部分共28题。其中第二部分是“主体部分”，共 15 题，全部是围绕社会治理工作来展开，内容包括对社会治安和社会秩序的现状进行提问及评价、对防火防盗工作的基本知识的了解和掌握程度、对网格化管理工作的情况进行评价、对“331”专项治理工作的开展进行评价等，还在 15 道选择题后附设了 3 个小问题，以便调查对象能充分阐述，如在选项后附设“其他答案”，供他们自行补充。

另外，第一部分的“调查对象基本情况”及第三部分的“党建工作专题”，也都紧扣社会治理这一主题来设计和展开。

（三）问卷调查的组织实施

对这次问卷调查工作，我们确定了“扎实有效、真实可靠、保质保量、按时完成”的要求，具体抓好三个关键。

一是做好充分的准备工作。以前期的实地调研为先导，苏州市警察协会张跃进主席带领有关人员多次到红庄社区进行考察，听取红庄社区党政领导及所在地派出所、民政等部门的情况汇报。对红庄社区的基本概况、历史和现状、治理工作的经验和问题形成了初步的了解和判析，并就问卷调查的相关事宜进行了深入交流和探讨，使大家对问卷调查的指导思想、工作原则、组织领导、分工实施、时间安排、后勤保障等方面取得了共识，从而保证了问卷调查工作得以顺利开展。

二是组织一支人员精干、合理搭配、高效务实的调查队伍。根据红庄社区户籍片区分布情况，我们组织了 10 个小组，每 2 个小组负责一个片区，每小组负责 50 份问卷，共计 500 份。调查小组每组配备所在片区户口协管员和警协工作人员（包括张跃进主席在苏州大学任教时所带的研究生）各一名。社区户口协管员对所在片区的情况清、人员熟，警察协会的工作人员则对这次调查的指导思想和基本原则理解得比较透，这样的组合，既方便调查工作的展开，又保证了调查工作始终按照既定方针顺利实施。

三是坚持上门走访，实现人对人、面对面的调研。为了避免调研出现派发传单式、请人代填或一人多填等弄虚作假的弊病，我们严格要求这次调研必须采取进门入户、当面填写、一人一卷的方式。调研对象名单确定后，不管其是在家中，还是在工作场所，都必须找到本人，现场询问，当面填写。最后的实践证明：此次调查完全达到了预计要求，501 名调查对象无一遗漏，从而确保了这次问卷调查所获取信息和数据的真实可靠。

调查工作结束后，我们统一设计了每组的汇总表，将调查所获得数据和信息进行归类统计，最终形成了一张总汇总表。在此基础上，我们又对各项数据和信息进行认真的计算、比对和分析研判，形成了《红庄社区问卷调查综合数据分析》，既全面反映调查成果，更为进一步强化红庄社区社会治理工作提供了决策的依据和方向性的建议。

三、红庄社区社会治理问卷调查综合数据分析

上门走访 501 户，完成 501 份问卷调查。

（一）调查对象及相关情况

1. 调查对象

（1）男女比例：男 363 人，占 72.5%；女 138 人，占 27.5%。

（2）年龄分段：40 岁以下的有 353 人，占 70.5%；65 岁以下的有 119 人，占 23.8%；66 岁以上的有 29 人，占 5.7%。

（3）籍贯分类：本地人 134 人，占 26.7%；外地人 367 人，占 73.3%。

（4）职业分类：务工 24 人，占 48%；务农 11 人，占 2.2%；经营 62 人，占 12.4%；无业（含退休）106 人，占 21.2%；机关事业 6 人，占 1.2%；其他职业 75 人，占 15%。

2. 住房情况

自有住房 134 人，占 26.7%（这 134 户中仅 1 户未租出房屋），自有面积共 52519 ㎡，用于出租的面积共 32028 ㎡，占 61%。出租的房屋中，居住了 3006 人，人均仅 10.7 ㎡。

租住房屋的有 367 人，占 73.3%，租住面积 5553 ㎡。

3. 居住意愿和居住年限

368 名外来人口中，准备离开的有 11 人，占 3%；准备长期住下来或暂不准备离开的有 259 人，占 70%。

居住年限中，5 年以上的有 67 人，占 17%；3 年以内的有 262 人，占 68%；不满 1 年的有 144 人，占 37%。

（二）社会治理方面存在的问题、矛盾分析及对社区治理的满意度

1. 房租收取未出现重大矛盾，能及时收到房租和感觉还可以的共 122 户，占出租户 134 户中的 92%；不能及时收到房租或感觉很麻烦的有 11 户，占 8%。

2. 拥有私家车的不是很多，共 175 户，占 35%。其中 76 户有固定车位，占 43%。一半以上私家车无固定车位，车辆乱停放问题严重。

3. 治安问题的排名次序：（1）停车难（218 条）；（2）群租（194 条）；（3）各类纠纷多（175 条）；（4）刑事案件多（88 条）；（5）三合一（56 条）；（6）治安事件多（43 条）（其中各类纠纷中，本地人和外地人的冲突 79 条，占 45%；外地人之间的纠纷 62 条，占 35%）。

4. 对当前红庄社区社会治理工作的满意度：认为满意的有 371 人，占 74%；认为一般的占 23%；认为不满意的有 13 人，占 3%。

（三）对防火防盗及“网格区域化治理”“331 专项整治行动”的知情度、参与度、满意度

1. 对防火防盗知识了解的有 330 人，占 66%；认为不了解的有 39 人，占 7.8%。

2. 对“网格区域化治理”知晓的有 151 人，占 30%；不知晓的有 350 人，占 70%。认识网格民警的有 109 人，占 21.8%；不认识的有 392 人，占 78.2%。认为网格服务每年大于 3 次的有 289 人，占 57.7%；认为没有上门服务的有 54 人，占 10.8%。

3. 对“331 专项治理行动”了解和部分了解的有 392 人，占 78.6%；不了解的

有 107 人，占 21.4%。对专项整治满意的有 271 人，占 54.3%；感觉一般的有 215 人，占 43%；不满意的有 13 人，占 2.7%。

4. 志愿参与社区治理的有 257 人，占 51.2%；在考虑中的有 235 人，占 47%；不愿意的有 9 人，占 1.8%。

（四）困难诉求和依靠社区解决困难的意愿

1. 困难诉求的数据为：（1）环境整治难 215 条；（2）孩子入学难 145 条；（3）停车难 144 条；（4）就医难 127 条；（5）就业难 121 条；（6）经济纠纷解决难 56 条；（7）其他困难 45 条。

2. 愿意依靠社区来解决困难的有 348 人，占 69.5%；不愿意的有 2 人，占 0.4%。

（五）对社会公平及积分制改革的评价

1. 认为社会公平的有 254 人，认为还可以的有 198 人，这两类人共 452 人，占 98.3%，认为不公平的有 8 人，仅占 1.7%。

2. 对积分制改革认为合理的有 317 人，占 67%；认为不合理的有 31 人，仅占 6.5%。

（六）党建引领工作

1. 501 名调查对象中，有 19 名党员，占 3.8%，非党员中有 215 人表达了入党意愿。19 名党员中，外来党员 4 名，占党员总数的 21%。其中当地组织掌握的 2 人，还有 2 名当地组织未掌握。

2. 19 名党员中，有 11 人每年能参加 3 次以上“三会一课”，8 人参与 2 次以下。愿意参与党员义务巡查的有 12 名，加上有 1 名已参与，共 13 名，占 68%。

四、基于红庄社区社会治理调查的几点思考

红庄社区社会治理调查使我们获得了许多真实可靠的一手资料，在对这些数据和信息进行综合分析和研判的基础上，我们对以新时代“枫桥经验”推进城市社区社会治理有了新的思考。

（一）学习和推广新时代“枫桥经验”，必须结合新时代的特色和当地的区域特征，创新思维模式，创新治理模式

随着改革开放的深化，类似红庄社区这样的城乡结合部的人口规模和社会组织模式已经并正在发生深刻的变化。这些变化带来了大量的新问题、新矛盾。外来人口大量涌入更是对社区治理形成了巨大的挑战，需要我们从新的层面和角度去思考、探索和创新。

一是从调查情况来看，红庄社区外来人口增长的速度越来越快。在被调查的 367 名外来人口中，居住 5 年以上的仅占 17%，居住 3 年的占 68%，居住不满一年的占 37%。这些人中，准备长期住下来的高达 70%，准备离开的仅占 3%。由此可见，

外来人口进多出少，人口规模将持续增长，对这个趋势我们要有充分的思想准备和长期的治理预案。

二是对外来人员的大量涌入，我们首先在思维上要有所突破。我们既要看到大量外来人口涌入所带来的社会治理难度增加的问题，也要看到大量的外来人员在此务工、经商并租房居住，对当地的经济发展、收入增加（特别是房租收入）和城市化进程的推进作出了极大的贡献。例如，被调查的367名外来人员中，近300人在务工，38人在经商，这些人为当地及周边地区的企业提供了大量劳动力，同时也活跃了市场，拉动了消费，促进了经济。再看当地的居民，134人中除1户外均有房屋向外出租，出租面积达到32028㎡，给当地居民带来了可观的经济收入。因此，要辩证地看待常住人口和外来人口之间的关系，认识到他们是相互冲突又相互依存的矛盾综合体。我们治理的重点，就是要采取“平等相待，公平施策，化解矛盾，融合生长”的策略，不要偏激地把外来人口都看作是治理的对象，而要充分地相信、依靠和发动这部分群众，把“对象”转化为“动力”，把“阻力”转化为“助力”，把“矛盾综合体”打造成“利益共同体”，从根本上消除因地域差距而引起的矛盾冲突，破解外来人口大量涌入所带来的社会治理难题。

三是对外来人员激增的现实，要有针对性、创新型的治理措施。

首先，红庄社区面对大量外来人口，不是采取对原住民的单边保护主义，而是尽量做到一视同仁，兼顾公平。因此在这次调查中，认为红庄社区体现了“社会公平”的人占98.3%，这种对“公平感”的认可，是一种良性的社会基础和舆情基础，是一服化解不平心理而引发矛盾冲突的“安定剂”。

其次，红庄社区近几年来在外来人口中物色和选拔了一批民事纠纷调解员。这些人是外来人员中的“老娘舅”，具有一定的资历和威望，对化解外地人与本地人以及外地人内部的民事纠纷发挥了积极的作用。这支队伍应该不断扩充和规范，调查中，志愿参与民事调解和义务巡查的有257人，其中50%以上是外来人员，把这些人组织好、调动好，将是一股不可忽视的力量。

最后，在政策上创新机制。红庄社区所在地的派出所对户口“外转本”的积分制进行了改革，实行积分加减制。对积极参与社会治理和纠纷调解的外来人员予以加分，而对有违法犯罪、扰乱社会秩序、挑起矛盾纠纷的则予以减分。这种加减分制体现了“奖善罚恶”，受到外来人员的拥护和支持。这次调查中，认为这项改革合理的人占67%，认为不合理的人仅占6.5%。

（二）学习和推广新时代的“枫桥经验”，必须坚持“善治”，把“四个治理”贯穿于社会治理的全过程

首先，花大力气做好社会治理的基础建设工作。我们要以网格化区域管理为依托，及时、全面、客观地采集信息和数据（特别是外来人员的各类信息）。通过收集、

归纳、整合，形成动态的、相对真实可靠、上下联动的信息流和数据库，做到底数清、动态明、措施准。

红庄社区和南区派出所通过对全区出租房面积、人均居住面积、电动车停放及充电场所以及灭火器材、火灾逃生通道等信息进行了全面的收集、归纳和整理，认为这是一个十分突出且隐患严重的问题，在苏州率先开展了针对性的治理，并取得了阶段性的成果。在苏州全市统一组织实施的“331 专项治理行动”中，红庄社区更是加大治理力度，开展大量的宣传教育工作，使专项治理行动深入人心，同时按照整治要求逐户逐单位排查、清理、整改，历时一百天，扩大了治理战果，提升了治理水平。据此次调查结果显示，由于社区的宣传工作的广泛深入，居民对专项治理行动的主要内容和要求了解或基本了解的人达到 78.6%，不了解的占 21.4%。社区的治理工作成效群众看得见、摸得着，感受很深，所以调查中对专项治理行动表示满意的人占 54.3%，感觉一般的人占 43%，不满意的人仅占 2.7%。当然，社区治理的力度还有待加强。例如，调查得知，租用住房户人均居住面积仅 10.7 ㎡，与专项行动要求的人均 12 租赁有差距。这也反映了类似专项治理行动不能一阵风、突击化，而应形成常态化治理。

其次，要发现苗头，抓住源头，做好源头治理。红庄社区的出租房多，由此引起的租赁双方的矛盾和冲突（尤其是租金收取引起的纠纷）也多。针对这一“冲突源”，红庄社区采取了一系列的综合治理措施：一是在租赁双方中开展了“重合同、守信用”的法制教育；二是对这类纠纷及时介入调解，防止小冲突发展成大冲突、个体冲突转化成群体冲突；三是改善基础设施建设，改善道路交通建设，改善社区环境，提升社区的宜居水平，使红庄社区对外来人口的吸引力更大，出租房屋供不应求，承租户不愿为交纳房租等问题引起纠纷，失去租住权。这些措施的实施，从源头上减少了租赁双方矛盾和冲突的发生概率，租赁双方相对和睦相处。此次调查中，133 户出租户中能及时收到房租、无矛盾纠纷的占 92%，不能及时收到房租或收取有麻烦的仅占 8%。

由此可见，抓好源头治理，可以把大矛盾转化为小矛盾，把小矛盾转化为无矛盾，从根子上解决问题。

最后，要把社区治理纳入整个社会治理的大系统，形成“大治理”的概念。要改变公安系统单打独斗的局面，整合民政、司法、环保、交通、教育、卫生等多个部门的力量，形成联动机制，打组合拳，打团队赛，实现“共建、共治、共享”的治理格局。

这次调查中，对治安问题进行排序，停车难引起的治安问题排在首位。在群众急盼解决的困难中，环境整治难、孩子入学难、停车难、就医难位列前四位。这些问题的存在，对社会治理工作产生很大的负面影响。要解决好这些问题，仅靠公安机关一己之力是不够的。红庄社区近年来整合多种力量，分工合作，协调配合，多措并举，取得了显著的集聚效应。此次调查中，群众对红庄社区当前的社会治理工作满意率达到74%，不满意率不足3%。当然，与“上级满意，群众满意，自己满意”的要求尚有差距，存在的“最后一公里”问题还需要多部门进一步集成作战、齐抓共管来解决。

（三）学习和推广新时代“枫桥经验”，依靠群众是基础，党建引领是关键

“枫桥经验”在当前主要的时代特色就是“党政动手，依靠群众，预防纠纷，化解矛盾，维护稳定，促进发展。”其中，党建引领是关键，相信和依靠群众是基础。习近平主席就创新群众工作方法作出重要指示，强调把“枫桥经验”坚持好，发展好，把党的群众路线坚持好，贯彻好。

在红庄社区这一类城乡结合部社区的社会治理工作中，如何具体落实相信和依靠群众是一个新课题，因为在这个“群众”中包含着“原住民”和相当一部分外来人口。我们要把这两部分人看作一个整体，既要看到这两部分人之间有矛盾点、冲突点，以及不同的利益诉求点，更要看到他们之间的合作点、共赢点，以及共同的愿景，即“美好的生活，平安的社会，整洁的环境，融洽的关系”。他们都希望把所在社区建成一个“更加安全，更加稳定，更加美丽，更加和谐”的“和合之家”。因此，我们要把“群众”的外延扩大到包括外来人口的全体居民，要营造相对公平的社区环境，既要把“原住民”发动起来，还要把外来人口中的大部分人发动起来，使他们一起为创建平安社区作出贡献。例如，选拔民事调解员和组建义务巡查队等，都可以在外来人口中物色和吸收志愿者参加。此次调查中，志愿参与社会治理工作的人占51.3%，这些人中相当一部分是外来人员。这就是我们社区治理工作的群众基础。

党的十九大指出，东西南北中，党是领导一切的。在学习和推广“枫桥经验”中，加强党建引领既是历史的经验，又具有鲜明的时代特色。

红庄社区以每个网格为中心，把支部建在网格上，组织网格内热心于社区各项工作的本地党员成立党小组，建立党员义务巡查队。网格支部定期召开会议，通报和总结治理工作中的相关事宜，负责网格内相关力量的协调、整合，整理和反馈社会治理中的有关信息。支部建在网格，把党建引领工作落到了实处，落到了基层。

要把党建引领进一步引向深入，真正发挥关键作用，在现有的经验和措施上，还需在以下三个方面进一步强化和落实。

一要摸清党员底数。此次调查对象中共有19名党员，其中4名为外地党员，但这4名中有2名当地组织还未掌握。因此要在全社区进行调查摸底，把外来党员的底数搞清。本地党员和外地党员两个来源一个队伍，应当混合编组，融合生长，从而发挥全体党员自我约束的模范作用和带动他人的先锋作用。此次被调查对象中的19名党员，志愿参加党员义务巡查队的有12名，加上有1名已参加，共13名，

占68%。这些数字，进一步彰显了加强党建引领的重要性和必要性。

二要健全“三会一课”制度，加强党性教育，切实履行党员的权利、义务。要通过教育，在外来党员中树立一个观点，喊响一个口号：“我在家乡是共产党员，我在红庄还是共产党员！”同时以网格为单位，建立“党员之家”，吸引外来党员一起参与各项党的活动，形成带头共同建设美好社区的氛围和合力。

三要积极稳妥地做好新党员的发展工作。红庄社区现有本地党员130名，其中年龄在60岁以上的58人，占45%。要注意吸收青壮年中的优秀分子加入党的队伍，改变党员队伍年龄相对老化的状况，同时要积极探索在外来人员中吸收党员的工作。这次调查中，有215名非党员群众表达了入党意愿。其中有本地的，也有相当一部分外来人员。这项工作做好了，既能提升党组织在包括本地人员和外来人员中的影响力、号召力和凝聚力，也能在外来人员中树立标杆，营造积极向上、力争进步的良好氛围，增加社会治理的正能量。当然，在外来人员中发展党员的工作，重点应选择那些在红庄居住时间长，积分已达到或接近达到户口转入的“新市民”或“准新市民”。通过对其在到红庄前的背景经历和到红庄后的现实表现等方面的考察，对政治素质好、现实表现佳、确实符合条件的优秀分子，积极审慎地逐步发展。这里涉及组织之间的工作协调问题，也需要我们进一步积极探索和实践。

综上所述，如果我们能认真学习和贯彻毛泽东和习近平对“枫桥经验”的批示精神，结合新时代的特色，创新开拓，落实“善治”，发动群众，党建引领，就一定能实现社会治理工作的新突破，“枫桥经验”的新发展。

当前网络贩枪犯罪的特点及构建立体化打击防控体系的研究

曹 勋*

摘 要： 针对网络贩枪犯罪的严峻形势和打击工作现状，各级领导必须清醒地认识打击防控此类犯罪是一项复杂的社会系统工程，必须创新体制机制，既需要公安机关发挥打击主体作用，又需要动员社会各界力量通力协作，紧紧依靠法律、监管、技术等综合手段，依托现有的全国打击整治枪爆违法犯罪专项行动部际联席会议制度，构建党委政府统一领导，联席会议组织协调，公安、海关、安全、交通运输、网信、工信等多部门齐抓共管，社会面积极参与的全方位立体化的打击防控体系，形成强大的打击防控工作合力，才能破解网络贩枪犯罪难题，最大限度地消除社会治安隐患，最大限度地保护人民群众生命财产安全，确保国家安全和社会大局持续稳定。

关键词： 网络贩枪犯罪 立体化打击防控体系 打击整治枪爆违法犯罪专项行动

近年来，随着“一带一路”倡议的强力推动，中国与世界多国之间交流合作不断深入，国际国内形势正在发生复杂而深刻的变化。在世界多极化、经济全球化、社会信息化的时代背景下，我国境内与境外的关联性、互动性增强，刑事犯罪活动与经济社会的发展密切相连。其中，伴随着便捷快速的大跨度人流、物流、资金流、信息流以及中国城镇化的加速，网络贩枪犯罪勾连跨国走私犯罪来势凶猛，迅速成为涉枪犯罪的主场，手段不断演变升级，枪支弹药依托网络源源不断地输送到犯罪分子手中，尤其是输送到一些“枪恐、枪黑、枪毒、枪赌”合流犯罪人员手上，成为影响公共安全的重大隐患，成为影响人民群众安全感、国家安全和社会稳定的突出问题。

因此，严厉打击网络贩枪犯罪，是维护社会公共安全、保障国家长治久安的重要举措，也是推进平安建设、提升人民群众安全感的重要保障。公安机关必须立足本地实际，积极促进构建立体化打击防控网络贩枪犯罪体系，保持严打整

* 曹勋，广西壮族自治区公安厅刑侦总队三支队副支队长。

治高压态势，向网络贩枪犯罪发起凌厉攻势，坚决遏制犯罪发展蔓延势头，全力维护公共安全和社会大局持续稳定，为经济社会持续、健康、稳定地发展保驾护航。

一、网络贩枪犯罪的严峻形势及现实危害

网络贩枪主要是指未经国家有关部门许可，违反有关法律法规，在互联网上销售枪支，危害公共安全的行为，是一种跨地域、远程非接触性新型犯罪，是涉枪类传统犯罪向互联网上的转移。网络贩枪犯罪借鉴“互联网 +”商业模式，在全国形成分散、开放、无边界的撒网式犯罪网络，并借助于互联网的强大驱动来实现犯罪的能量、数量、规模的井喷式增长，形成泛滥之势。近年来，广西、浙江、北京等地侦破的网络贩枪犯罪案件不断增多。由于网络贩枪案件没有传统意义上的受害人，案件底数不清、情况不明，难以有效统计，很多案件难以及时发现，不破不立的情况客观存在。

网络贩枪犯罪作为传统刑事犯罪与网络相结合的新产物，受人们生活方式改变、犯罪成本低廉、物流及金融业高度发达、管理漏洞大量存在的影响而处于快速上升的活跃期。这种野蛮发展蔓延的状况导致大量枪支弹药流散社会，其复杂性和危害性极大增加，对公安机关维护国家政权安全、政治安全和社会稳定带来巨大挑战。

网络贩枪对社会治安稳定构成严重威胁。

1. 枪壮人胆，容易导致社会面的矛盾纠纷升级，暴力性犯罪案件频发，造成广泛的不良社会影响，毒害社会风气。2016 年天津连续发生两起杀害流浪拾荒人员案件，受害人体内均发现多枚钢珠。破案后查明犯罪分子的杀人目的是为准备抢劫而试枪，作案使用的枪是网络上买到的。北京“2. 26”枪杀法官案致两死两伤，犯罪分子使用的也是通过网络购买的枪支。虽然大部分社会流动的枪支在爱好者和收藏者手上，但一旦矛盾激发，极易从收藏状态转变为持枪作案，潜藏着巨大威胁和隐患。

2. 枪支和毒、赌、黑等犯罪合流趋势更加明显，涉黑涉毒人员和有犯罪前科人员能够更容易获取枪支。2015 年，全国破获的涉枪毒品重大案件上升幅度很大。2015 年至 2018 年年初，广西缴获的军用枪支绝大多数是从走私、贩毒案件中缴获。一些边境省份还发生了因村寨矛盾、开设赌场、武装贩毒、走私人员抢占地盘、聚众斗殴而引发的持枪对抗、致人伤亡的案件。

二、网络贩枪犯罪的主要特点

我国国内“枪迷”“军迷”等枪支爱好者的大量存在，以及暴恐、黑恶势力、毒品及赌博等犯罪人员对枪支的依赖，客观上形成了对非法枪支巨大的、稳定的、

长期的市场需求。网络贩枪利益空间大，犯罪门槛低，吸引潜在的犯罪人员源源不断地参与进来。从目前形势来看，此类犯罪主要呈现以下特点。

（一）枪支品种及来源多样化

1. 枪支类型多样。主要分为各类制式枪支、以火药为动力的改制、仿制枪支以及高杀伤力气枪等。其中军用制式枪支危害最为严重，改制、仿制枪支因杀伤力大、危险性高，一直是打击的重点。当前通过网络贩卖的枪支除了传统的非法改制、仿制军用手枪、猎枪、火药枪、射钉枪外，还出现了钢笔枪、鱼竿枪等新型改制枪支和军用制式枪支等。

2. 枪支弹药来源广泛，分为境内制造和境外走私，具有一定的地域特点。例如，境内制造为一些加工制造业发达或传统涉枪涉爆重点地区的犯罪分子利用先进设备批量制造枪支零部件，甚至能够制造精密、威力巨大的仿制手枪和小口径步枪；境外走私大多来自香港特别行政区、台湾地区、美国及西南边境各国，如美国华人通常通过邮寄或经香港走私入境制式枪和气枪。广西侦查部门曾经成功挖出一个隐藏在广西、通过网络勾连的特大跨国贩枪团伙，境外犯罪嫌疑人将枪支拆解，通过非法手段走私带入深圳，再以物流快递方式寄到重要中转地广西柳州市分发出去。犯罪人员多数利用西南边境处于中国与周边国家边境的特殊地理环境，难以有效控制非法越境行为，或者利用边境通关物流监管漏洞进行陆路走私军用制式枪支。广西的东兴、靖西等地就不时查获越南流入的枪弹、雷管等物品。

（二）犯罪人员层级结构网络化

1. 从纵向看，犯罪链条比较固定，主要分为买家、网络枪贩和源头人员三个层级。其中，90% 以上买家是军迷、枪迷等枪支爱好者，购买气枪较多；少数为“涉黑、涉毒、涉赌”等灰色人群，购买多为制式和仿制式的以火药为动力的枪支。网络枪贩大多分为一级代理、二级代理乃至三级、四级代理，常由枪支爱好者演化，看到招募销售代理广告后加入，为了扩大销量继续向下发展代理。源头人员分为境内和境外两类，境内多为枪支爱好者和枪贩，境外人员主要来自于香港特别行政区、台湾地区、美国及西南边境人员，近年来也查获一些俄罗斯籍犯罪嫌疑人走私枪支入境。他们利用不同国家和地区对枪支管理制度的差异，将境外容易获取的枪支弹药大肆走私入境。其中美国走私大多为华人，香港台湾多为当地人，西南边境人员主要为中越双方不法边民相互勾结，结伙作案。广西成功侦破的“2.28”走私制造贩卖枪支弹药案，一共抓获犯罪嫌疑人 58 人，其中越南籍犯罪嫌疑人 4 人，缴获各类枪支 50 支，子弹 3500 发。

2. 从横向看，部分参与人员依托互联网的便捷即时，通过论坛、QQ 群、微信群勾连交织在一起，形成松散的蛛网状的犯罪网络。每一个犯罪成员不仅是某一个纵向犯罪链条中的一员，与该链条上的人员交易作案，同时也是整个犯罪网络中的一个节点，除了这个犯罪链条之外还与其他人员有着横向交易联系。这也意味着如果没有进行全方位全链条的深化打击，只是抓捕其中一两个节点，并不影响这个犯罪网络的继续运营。

（三）犯罪活动作案低成本以及跨地域化

1. 作案成本极低、利润较高。网络买卖枪支基本属于无本生意，作为网络枪贩的代理商只需一台电脑或一部手机，利用互联网资源发布销售信息并与买家达成交易意向后，由买家将钱款支付给代理商，各层代理商再扣除自身利润后将货款支付给生产源头，由源头制造商分别通过快递将枪支零件直接寄到买家手中，买家自行组装成枪。网络枪贩并不实际囤货和接触枪支就可从中赚取差价，收入颇丰。

2. 网络通信工具、支付工具和物流寄递业的发达，促使网络贩枪犯罪突破地域限制，呈现“网络延伸到哪里、犯罪就延伸到哪里”的状况，网络贩枪跨地域作案已经成为常态。从近年来打掉的网络贩枪团伙看，都是大范围、跨区域甚至跨境作案，导致系列案件多，涉及犯罪嫌疑人多。上海市“7.22”专案涉及100余个微信群、8万个微信号，非法买卖枪支网络涉及全国26个省市，涉案人员高达数千人。

（四）犯罪手法隐蔽化

当前我国网络贩枪犯罪涉及面广、链条长，网上网下、境内境外相互勾连。网络贩枪犯罪分子为了逃避侦查，犯罪手法不断翻新，越来越隐蔽。

1. 作案方式隐蔽。主要为网上隐蔽语言秘密联系、网上支付、物流运输。网络贩枪犯罪双方不需要面对面地接触，通过电信、网络无需验证真实身份就可以实施犯罪。这种通过网上渠道单点单线或者多点一线招募、分工和交易的行为，循线追踪有一定难度。

2. 作案流程隐蔽。作案流程一般包含分散生产、多层销售、源头发货、买家组装等，犯罪分子通过电子技术、现代通信和网络渠道实施远程犯罪，使犯罪行为地和结果地分离、犯罪所得在异地获取。

3. 生产制造窝点隐蔽。零件往往分散生产，邮寄时枪贩还将枪支成套组件化整为零，分多个包裹不同快递公司寄给买家。

4. 贩卖枪支信息隐蔽。违法犯罪分子不敢明目张胆地标榜贩卖枪支弹药，而是通过“暗语”发布贩卖信息，非圈内人士不会明白其内涵，甚至还有利用网络游戏中虚拟武器装备交易平台，散布真实枪支买卖讯息，外人更是难以判断。

三、侦控网络贩枪犯罪存在的问题

网络贩枪犯罪表面无暴力，没有表现出直接危害，没有直接受害者，只有共同利益者；其网络作案工具简单，犯罪发展蔓延迅速。面对复杂严峻的网络贩枪犯罪形势，我国在打击防控工作方面不断探索实践，但因思想认识仍不够充分，还普遍停留在公安机关一家单打独斗的层面，因此往往是公安机关打掉一批，很快又冒出一批新的犯罪分子来填补网络贩枪犯罪的利益空间，形成屡打不绝甚至越打越多的现象。

并且，一方面，不少案件的打击处理缺乏法律支撑。网络贩枪犯罪主体有的租用境外服务器实施犯罪，人机同一性认定难，导致共同犯罪参与数难以确定；对犯罪嫌疑人、被告人的辩解缺乏认定或排除方法，网络运营商责任还存在立法缺位，现有法律对物流寄递业监管措施不落实没有行政处罚权等，难以发挥震慑作用。另一方面，调查取证难。由于网络贩枪案件的犯罪地较多，包括用于实施犯罪行为的网站服务器所在地、网络接入地、网站建立者、管理者所在地、犯罪嫌疑人使用的计算机信息系统所在地等，涉及环节多，如网络交易、技术支持、资金支付结算等关系形成多层级链条、跨区域，犯罪分子具备一定反侦查意识，造成公安机关落地核查、定位抓捕困难，而且对其犯罪行为的电子证据收集、固定困难。

各国国情、法律制度和枪支管控标准等存在差异，跨境办案难度大，制约了对境外走私源头的打击效果。广西侦破“2•28”走私制造贩卖枪支弹药案时，因中越两国法律不一致，检察、审判机关对跨国犯罪证据要求不一，在公安部的支持下，广西警方与越南警方就越方人员涉案情况和抓捕审讯要求进行了多次协商才达成共识。

（四）打击工作存在短板

1. 思想认识不到位，责任不落实。当前我国刑事犯罪总量仍在高位运行，社会治安形势复杂，而网络贩枪犯罪都在网上进行，再加上没有人报案，公安机关没有主动启动侦查的责任和压力，对本地网络贩枪犯罪形势分析不足，认为案件特别是跨国网络贩枪案件作案地区跨度大、侦办周期长、投入大、产出低。例如，广西南宁警方侦办“7•31”特大网络贩枪案件，不到 2 个月的时间内辗转海南、福建、安徽、河南、河北、浙江等 7 个省共 16 个市，行程 2 万余公里，办案成本很大。

2. 尚未担负起组织指挥和研判打击的主责。缺乏针对网络贩枪犯罪的专职警力，利用大数据主动分析、深度挖掘潜在案件线索的意识不强、能力不足，对互联网条件下的涉枪犯罪规律特点研究不透，办法不多，不管是在案件经营深挖上，还是在线索核查落地、信息采集、研判分析上，均存在工作不到位的问题。

3. 资源手段整合不充分，打击合力没有最大化。有些警种和部门缺乏常态化沟通交流和情报共享，有破案压力的部门无手段资源，有手段资源的部门无破案压力，各警种各自为战、单打独斗，难以形成有效合力，资源手段配置整合机制有待进一步健立完善和提高。

四、构建立体化打击防控体系是破题之策

针对网络贩枪犯罪的严峻形势和打击工作现状，各级领导必须清醒地认识到打击防控此类犯罪是一项复杂的社会系统工程，必须创新体制机制，既需要公安机关发挥打击主体作用，又需要动员社会各界力量通力协作，紧紧依靠法律、监管、技术等综合手段，依托现有的全国打击整治枪爆违法犯罪专项行动部际联席会议制度，构建党委政府统一领导，联席会议组织协调，公安、海关、安全、交通运输、网信、工信等多部门齐抓共管，社会面积极参与的全方位立体化的打击防控体系，形成强大的打击防控工作合力，才能破解网络贩枪犯罪难题，最大限度地消除社会治安隐患，最大限度地保护人民群众的生命财产安全，确保国家安全和社会大局的持续稳定。

（一）强化网络社会管理，净化网络空间

坚持依法管网、以人管网、技术管网、综合管网，建立全网覆盖、全时运转、全省区联动、全警互动的网上防控机制。网信、工信、公安、安全等部门要加强网上巡查监控，及时清理删除涉枪违法信息，坚决封堵违法犯罪信息传播渠道，依法整治问题突出的互联网企业，着力净化网络空间。

1. 全面落实网络运营商、服务商和重点网站的法定义务和安全责任，严格落实网络网址、网民上网、网络互动等实名登记制，有针对性地落实动态管控措施，实现“虚拟社会”“虚拟人员”现实化管理。

2. 对互联网平台的涉枪违法犯罪线索，及时开展侦控核查。对网上贩枪广告信息及时封堵清理，在相关网站、论坛广泛进行法制宣传教育。对涉枪违法信息问题突出的互联网平台、企业及时依法处理。

3. 广辟线索来源，加强网上、网下、边境研判，充分运用公安内外部信息数据资源开展信息研判、预警防范和顺线追查工作，查清网络。结合互联网涉枪涉爆大数据侦防工作机制，加强网上虚拟阵地建设，提升网络贩枪犯罪的预警发现和落地查控能力。

4. 积极探索警企信息化协作机制。加强与国内科技领军企业合作，利用其技术和数据优势，开展信息查询、批量比对、数据建模、人员预警、动态管控等工作。

5. 加强涉枪犯罪前科人员，暴恐、黑恶、黄赌毒人员，扬言报复社会人员，有个人极端暴力犯罪倾向人员，以及军械枪迷、狩猎爱好者等人员的信息研判、轨迹碰撞、预警推送和落地查控工作。

（二）强化社会面管控能力，不留犯罪死角

全面收缴非法枪支弹药。要广泛发动基层力量，采取多种有效措施，全面排查

收缴社会上的非法枪支弹药，最大限度地减少私藏私存非法枪支弹药的存量。一是要开展集中收缴行动。要坚持日常排查收缴和集中收缴行动相结合，重点排查具有矛盾纠纷、前科劣迹的人员和军械枪迷人员手中的枪支。逐一登记造册，组织开展集中销毁活动。二是要发动举报收缴。发布群众举报涉枪违法犯罪线索奖励办法，积极发动社会各方力量举报涉枪线索。会同法院、检察院发布通告，告知非法涉枪行为的严重危害，告知主动上缴的从宽处理政策，广泛教育发动群众主动上缴和举报。

加大宣传发动，形成社会面全民防范的“大防控”格局。一是加强重点法制宣传教育，要坚持传统人力盯控与信息技术监控、化解稳控和打击惩治相结合，在加强日常管理的同时，分类落实管理服务措施。二是充分运用电视、报刊等传统媒体和微信、微博等新媒体，加大对防范网络贩枪犯罪特别是跨国走私武器弹药犯罪的宣传攻势，引导全社会认清枪支危害，教育群众自觉不买枪、不制枪，做到家喻户晓，人人皆知，营造严打整治网络贩枪犯罪的强大声势。

（三）强化法律支撑作用，解决实务难题

1. 强化办理网络贩枪案件疑难问题的立法或司法解释工作，制定下发办理此类案件指导意见，争取公检法机关在批捕、起诉、审判环节统一认识和证据采信标准。例如，明确制定枪支零部件的认定规范，将一些易制枪的材料列入管制范围，为打击处理工作提供良好的法律适用环境。

2. 公检法机关要建立会商制度，尤其是重大疑难网络贩枪案件集体会商，必要时检法部门要提前介入，提高办案质量。

3. 要在公安部、外交部等大力支持下，加强国际、区域警务执法合作，堵源截流。加强与相邻国家警务合作的深度与广度，敦促有关国家和地区严格按照国际公约管控枪爆危险物品，织密织牢打击跨国犯罪活动的境外防控网，联合防范打击跨境走私贩卖枪支弹药犯罪活动，适时开展联合专项行动，委派专案工作组驻点办案，就办理案件方面努力消除国家之间的法律差异影响，达成打击犯罪共识，努力减少境外影响我国安全稳定的源头和因素，共同维护边境地区的社会治安稳定。

（四）强化打击机制建设，提升打击实效

1. 要进一步建立健全公安机关打击网络贩枪工作机制。从组织领导、工作职责、任务目标、侦查办案、奖惩措施等方面提出明确要求。其中，公安机关的“一把手”是本地侦破网络贩枪案件工作的第一责任人，负责对网络贩枪案件侦查的指挥、协调工作，提供警力、装备、经费等各项保障。分管副局长和刑侦等警种主要领导是直接责任人。成立打击网络贩枪犯罪工作专班，由刑侦等主要参战警种部门落实专人，定期或视案件侦办需要召开研判会商会议，联合督办指导涉案地落地打击。

2. 协作配合，优化警力资源配置。针对网络贩枪犯罪无国界特点，创新建立以案件侦破为需求，由主侦部门牵头，多警合成、同步上案、资源共享、责任共担、整体作战的侦查资源配置联动机制，形成打击整体合力。一是要树立大局意识。实行“一地主办、上级指挥、全国联动”的异地案件报备制度，凡是外地公安机关前来本地侦办涉枪案件的，必须报市级刑侦部门备案，由其协调其他警种开展协作配合。需赴外省开展工作的，市级刑侦部门须向上一级刑侦部门报备，由上级按程序协调开展工作。二是要强化合成作战，形成良性互动发展。刑侦部门要充分发挥打击犯罪主力军作用，全力以赴做好网络贩枪案件侦查办案工作。其他部门警种在各自领域及工作中主动搜集和发现网络贩枪犯罪线索，及时通报移交刑侦部门进行查处，刑侦部门接报后要对人员流、资金流、信息流、物品流和案件情况开展综合研判，一经确认应迅速成立专案组，力争尽快破案。

总而言之，在“互联网 +”时代，打击防控网络贩枪犯罪是维护社会安全稳定的一项长期性任务，任重道远。我们必须积极顺应形势，强化责任担当，坚持齐抓共管，构建和完善立体化打击防控网络贩枪犯罪体系，着力形成标本兼治、多方施策、综合治理、系统治理的工作格局，才能尽快遏制这一突出犯罪活动的蔓延势头，坚决消除影响公共安全和社会稳定的重大隐患，为确保国家安全和社会大局持续稳定做出更大贡献。

以生态发展战略
打造适应新时代要求警察队伍的几点思考

张老九 *

摘 要： 建设适应新时代要求的警察队伍必须打破思维定势、“扬弃”传统套路，从单纯“从严治警”和“从优待警”的思维局限中解脱出来，从过于强调战术性要求的思路局限中解脱出来，从单调机械式的治理方式方法中解脱出来。警营生态助力警察队伍建设，主要包括科学的思维、警察生理心理、警队沟通、警察文化、选人用人、警务创意、绩效考核、机制建设、党建引领等“生态因子”。要重视和梳理影响警察队伍建设的各种“生态因子”，努力培育和发展有助于警察队伍建设的“生态因子”，构建各种要素之间相互作用相互支持的“生态系统”。制定目标规划蓝图，认真组织有效实施，保持定力不断优化。警营生态建设，必须运用科学的战略管理办法，持之以恒地推进。

关键词： 警察队伍建设 警营生态 警察文化

习近平总书记就新时代公安队伍建设提出了“对党忠诚、服务人民、执法公正、纪律严明”的“四句话、十六字”总要求，立意高远、内涵丰富、思想深邃，深刻揭示了公安机关的基本属性和公安队伍的职业特点，精辟回答了公安工作和公安队伍建设中带有根本性、原则性、方向性的重大问题，科学指明了我们党在新形势下建警治警的指导思想、基本原则和目标方向。如何打造新时代党和人民信得过的警察队伍，笔者学习运用生态学和战略管理学的基本原理，并结合地方警务工作的实践，作如下思考。

一、建设适应新时代要求的警察队伍必须打破思维定势、“扬弃”传统套路

长期以来，从中央到地方党委政府和领导机关对于警察队伍建设一直非常重视，不断部署推出队伍教育管理的创新举措，各地也越来越重视和加强警察队伍建设，

* 张老九，公安部公安发展战略研究所城市警务研究中心研究人员。

取得了一定的成效，确保了各项警务工作的有效开展，警察队伍在各种风险和挑战面前以及各项重大安保任务中经受了考验。随着经济社会的快速发展，新时代对于警务队伍提出了更新更高的要求，传统的警察队伍建设的理念、思路和方法手段等已日益显示出其不足和局限性，必须运用新的理念和科学方法进行必要的创新实践。当前，首先要正视警察队伍建设的现状，并从以下三个方面来更新观念、转变思路。

（一）从单纯地“从严治警”和“从优待警”的思维局限中解脱出来

长期以来，警队治理主要强调“从严治警”和“从优待警”，尽管对这个被称为“两手抓”的警察队伍建设的主要理念和思路沿用至今，特别是基层警队还聚焦在这“两手抓”上，但如今却越来越凸显出其局限性。

一是“严”“优”功能有限。许多地方警队管理实践表明，仅从“从优待警”和“从严治警”两个维度来管理队伍，明显不够。因为，优的方面很有限，而且光靠“位子”“票子”等来调动人的积极性只能是一时、一阵子的，而严的方面规章制度、禁令规定和严厉处罚并不缺，但队伍积极性的调动还是受限，违法违纪问题仍然不断发生。

二是非此即彼思路偏窄。影响警察队伍建设的因素很多，有主观的也有客观的，有队伍自身的也有来自外部环境的，这就决定了警察队伍建设不能要么“从严”要么“从优”，必须针对制约警察队伍建设的诸多因素，拓展思路和建设路径。

三是适应新形势的作用力越来越小。受互联网时代外部社会环境因素的影响，加上警察构成的日趋多元化，需求也越来越多元化等，特别是在互联网时代成长起来的新一代警察，其生理心理素质更具鲜明特点，单纯强调和依靠“从优”“从严”来治理和建设警队，显得越来越乏力。

（二）从过于强调战术性要求的思路局限中解脱出来

重眼前轻未来、重现实轻长远和重“显绩”轻“潜绩”等过于战术性的思维习惯和行为方式，并由此形成的警务治理思路仍然主导和影响着一些地方的警务发展，警察队伍建设也是如此，并由此导致警察队伍建设缺少战略谋划和系统性的措施。

一是就事论事抓队伍，系统性、多维度不够。一年一度的队伍建设工作部署，尽管也提出了警察队伍建设的要求，一些地方特别是基层警察团队也发挥主观能动性，研究探索一些队伍建设的创新举措，但总体来讲，如何深入研究警察队伍建设的机理，抓住影响警察队伍建设的诸多因素，系统性和多维度地提出警务队伍建设思路还不够，立足当前着眼长远、从战略发展的视角推进队伍建设规划和实施都不够到位，自然影响了队伍建设的整体质量和个体素质提升。

二是千篇一律“大路货”，针对性的办法少。一些地方警方每年部署队伍建设，几乎是“老三篇”，诸如“加强思想政治工作”“坚持从严治警”“加强领导班子建设”“落实从优待警”“搞好警方公共关系”等，尤其是许多提法和表述历年来都是大同小异，内容也没有多少“干货”，针对性和有效性不够强，以至于每年到年终队伍建设成就和经验还是那么几条，存在的问题还是没有解决。

三是缺乏一站到底的定力，创新思路做法不持久。这些年，一些地方警方也有不少改进加强和创新警察队伍建设的好思路、好举措，但由于缺乏坚持不懈推广落实的定力，甚至有的总想着不断创新和推出新举措，有的力求每年都要有新东西，“喜新厌旧”，不停地来回倒腾，以至于无法将好的思路和做法坚持下去并形成规模效应，影响了警察队伍建设的常态长效。

（三）从单调机械式的治理方式方法中解脱出来

新时代的警察队伍建设，尤其是教育引导，必须适应警察和警察队伍的心理特点和容易接受的程度，采取有针对性的、灵活多样的和易于接受的方式方法。但目前的警察队伍治理的方式方法相对有些陈旧，从而制约和影响了实际效果。

一是习惯于灌输式的说教。尤其是作为警察队伍建设主要方法的思想政治思想教育，往往只注重形式和频率，不太注重实际效果。对于如何针对警察同仁的生理心理，特别是互联网时代年轻民警的特点，理论联系实际，用身边的典型案例来解读，用新时代思想政治工作的新规律来组织开展思想政治教育，以及使用通俗易懂的语言和表达方式、采用“情景式”“体验式”“互动式”等易于接受的方法等，做的还不太够，以至于与预期的教育效果颇有差距。

二是习惯于组织专项整治。针对警察队伍存在的问题进行必要的治理，没有什么不妥，但不能动不动就组织开展集中整治，并且基本上采取的是千篇一律的老方法，“思想发动”“集中排查”“全面整改”“建章立制”几步走的老套路，以至于每一次专项整治看似排查整治了一批问题、建立了一批制度，但并没有真正解决问题，并没有真正在警察同仁的头脑中建立起有效的“防线”，从而从根本上杜绝类似问题的发生。

三是习惯于搞评比搞声势。一些地方的警方热衷于以“树立正面典型”来激励和引导，以评比“最美”警察来影响队伍，以组织大型颁奖活动来造势，然而无论是“典型”要导向的现实意义、典型评比和产生的方式方法、对典型的褒奖方式，还是先进典型评比、颁奖活动的成本投入和实际产生的效果，都缺乏理性的思考和研究，以至于为了这些评比和颁奖活动投入了大量的人财物资源，包括组织相当数量的基层警察离岗排练等，但实际的教育效果并不大。

四是习惯于“以绩效论英雄”，动辄“一票否决”。一些地方警方热衷于通过制定考核指标，以此作为抓警务工作和队伍建设的导向，并且对于考核结果施以“重奖”“重罚”，甚至因为某个单位的个别警察的“瑕疵”，动辄对这个单位的整体工作“一票否决”。殊不知，这些看似有用管用的办法，其实存在着严重的副作用。因为，无论是考核指标项的设置、数据的提取，还是考核的过程、方式以及结果运用，都有一些不科学的方面，往往会导致基层单位之间、警察个体之间的恶性竞争，甚至严重地破坏警察队伍的生态环境，还会扭曲警队成员的价值观。笔者在这几年因为讲学接触到了一些基层所队长，谈话之中了解到这样一些令人担忧的现象，他们说："现在我们很想知道哪家单位（指县、分局和派出所）出了事，甚至对于那些出了事的单位有点'幸灾乐祸'，原因很简单，这样今年我们单位就不会绩效考核垫底了。"通过进一步了解，得知单位出了事就要扣分，甚至上级可能对其当年的工作"一票否决"，自然绩效考核时被末位淘汰、单位领导要被诫勉谈话。这些情况，尽管不难理解，但警队同行之间、同事之间希望人家出问题而"幸灾乐祸"的心态是不对的，这无疑是扭曲了价值观，因此值得进行反思和改进。

由此可见，建设新时代警察队伍，既要坚持和发扬多年来形成的优良传统和成功经验，也要对那些与新时代新任务新要求不相适应的理念、思路、机制和方式方法，进行必要的反思，研究探索适应新时代发展要求的警察队伍建设的新路子。

二、适应新时代要求的警察队伍建设必须运用和实践生态科学原理

生态学告诉我们，良好的适宜动植物生长的生态环境，是由有助于动植物生长的各相关生态因子组成的生态系统提供支撑的，即各个生态因子彼此依存有机结合，支撑和保障了动植物的良好生长。同样的道理，适应新时代新任务需要的警察队伍建设，也必须要有良好的警营生态环境相支撑和保障。笔者根据多年工作实践经验，认为警营生态助力警察队伍建设，主要包含以下这些基本的"生态因子"。

（一）科学的思维

俗话说，一个团队的理念先进与否决定了这个团队的事业是否发展进步，一个人是否具备科学的思维素质、是否用科学思维方法思考问题，同样决定了这个人的成长进步。比如，是否"对党忠诚"首先要对党有感情，而有感情又在于正确地认识我们的党，正确地认识党的过去、现在和未来，看到只有中国共产党才能领导带领我们实现中华民族伟大复兴"中国梦"，并带领全体人民走向美好的明天，从而才会发自内心的真正相信党、拥护党和忠诚于党。警方是否能做到"服务人民""公正执法"和"纪律严明"，关键在于是否运用了科学的思维方法。也就是说，打造适应新时代发展要求的警察队伍，首先需要培育警察的思维素质，特别是科学思维的能力，提高运用辩证思维、系统思维、战略思维、多赢思维和底线思维等科学思维方法认识和处理问题的能力水平。

（二）警察生理心理

首先，人的心理和生理有着密切联系，身体好往往心态就好，就能以饱满的热情投入工作；反之，心理负担重，心理紧张，特别容易引起身体的疲劳，从而影响

干事创业的热情。良好的警营生态，就应该保证警察同仁得到充分的休息休假。反之，一味地让警察同仁加班加点，不仅影响了身体，而且也影响了身心健康。新时代需要警察保持健康的身心，这也是打造过硬警察队伍的重要基础。我们必须在倡导讲奉献的同时，创造更多的条件让警察同仁有相应的身心调适，确保警察同仁始终处于身心健康状态。

（三）警队沟通

民主和谐是警察队伍良好生态的重要基础，大家只有工作和生活在这样生态环境下，才能感觉相互理解及受到尊重，并且心里有话有处说，心中郁闷有疏导，脑子里想法有人听，意见建议有处提。要构建和谐民主的生态环境，关键在于加强彼此之间的沟通互动，特别是领导与领导、领导与一般民警的沟通，并在一些重大问题的决策时，按规定走民主程序，使大家始终心气顺畅，有一种“主人翁”的感觉，这样才能竭尽全力地建设良好警察队伍。

（四）警察文化

警察文化源自于警队领导层所支持的核心价值观和警务理念，定义为“我们如何在这里干好工作”的行为规范，表现为重复使用和反复强调的警队理念，影响着警队同仁的工作思路和方式方法。警队的警务价值观、警务理念、警务发展方式、警察行为、警察同仁的工作态度以及工作环境的交错综合，构成了一个警队的文化。这种警队文化对警察队伍建设产生着巨大的能量。良好的警队文化能够使警队同仁意气风发、积极向上、锐意进取和真抓实干，推动警务战略的有效实施和警队事业的良性发展；反之，会导致警队内部情绪低落、意志消沉、相互猜疑、弄虚作假，必然使警务战略得不到有效实施，警队事业不仅没有发展，相反各方面都陷入被动局面。因此，警察文化是警营生态建设需要探索实践的重要课题。

（五）选人用人

科学选人，量才用人，人尽其才，各显神通，特别是让优秀的人才脱颖而出，这是警营生态好的重要表现之一。也只有在这样的生态环境下，才能培养出“对党忠诚、服务人民、执法公正、纪律严明”的新时代人民警察，打造过硬的警察队伍。反之，可能出现两种情形，一种是工作不上心不用心，但为了迎合上级获得“好感”做表面文章，或为了体现所谓“政绩”不惜弄虚作假；另一种是因为选人用人不公，或者无心干事缺乏动力，或者满腹牢骚工作消极，或者因看不到希望而放松自己，等等。这样的警营生态环境，无法打造出过硬队伍，也无法建设出新时代需要的警察队伍。

（六）警务创意

是指围绕警务发展中的难题，充分发动广大警察同仁集思广益，凝心聚智，凝智聚力，形成解决问题的新路径和新方法，实现警务效能提升的活动。警务创意是警察队伍生态好的体现，同时警务创意必须要在良好的警营生态环境下才能形成，因为，只有在心情舒畅、干事有动力、有激情的情况下，才有创意的冲动，并且想方设法研究解决问题。同事，警务创意也是警察同仁实现人生价值的重要平台，建设用好这样的平台载体，就是在构建良好的警营生态。

（七）绩效考核

绩效考核及其考核结果的运用，直接影响和决定了警察队伍的价值取向和成长发展。当警务绩效考核无论在指标项的设置，还是在权重配置、监测方法和结果运用上都能比较科学，就能引导警队同仁为了警队事业特别是让老百姓更安全更满意而认真负责地做好警务工作，才能形成良好的警营生态。反之，绩效考核如果导向彼此恶性竞争、“争名夺利”，那么必然会影响甚至侵害老百姓的利益，无法实现“服务人民”的价值取向。当警务绩效考核着重引导多做打基础的工作、多在科技信息化建设和应用上动脑筋、下功夫时，这个绩效考核导向和提倡警队同仁多做默默无闻积攒后劲的工作，多做为警队发展做好基础性工作。反之，很可能导向为了获得眼前的工作绩效，过于“以数字论英雄”，急功近利，甚至为了所谓的绩效指标搞突击式执法，且执法不公正不规范；当警务绩效考核不仅在指标的完成，而且在推进结果的监测和结果运用上鼓励立足当前更着眼长远，多做利长远的工作，那么自然导向“功成不必在我，久久为功”，多做为警队未来发展的事，自然符合警务战略发展的自身要求。反之，若警务绩效考核鼓励的是“过程热闹”“数字好看”，那么必然导向唯数字、唯面子和唯牌子，只顾追求当前工作某些数字、上级领导多表扬和争夺先进奖牌，以致于因为这些数字、面子和牌子的取得而削弱了基层基础、发展后劲。当警务绩效考核注重的是基础实力、常态运行和实际能力时，那么其导向的是求真务实和真抓实干。反之，当警务绩效考核注重的是一些动作性、过程性的和“高大上”的东西，体现的是动静大、动作多和“服从性”强，那么必然导向“玩虚功”“玩概念”“玩噱头”，甚至“沽名钓誉”和弄虚作假。

（八）机制建设

机制是指建立在特定社会范围内，调节人与人之间关系的制度，通过大家共同遵守的办事规程和行为准则来管理团队、推动事业发展。这也是良好警营生态的重要标志。只有运用行之有效的机制来确保各项警务工作和队伍建设的有序进行，才能形成可持续发展的新常态。因为，机制像一把“尺子”，它时时刻刻衡量着警察队伍每个人的行为。机制一旦形成，从领导到每位员工都必须自觉执行，用制度说话。同时，在机制的规范下，不用不断强调应该做什么、怎么做，警察同仁也不必再去百般思索自己是否做对了，从而更加专心专注于警务工作和警察队伍建设之中。

（九）党建引领

警察队伍中 80%~90% 是党员，这不仅是重要的人力资源，也是警察队伍建设的主要力量。充分发挥好警察队伍中各级党组织的先锋模范作用和广大党员的模范带头作用，不仅能够把警察队伍建设好，而且警营生态环境必然会不断得到优化和提升。实践证明，加强了基层党建工作，以党建带队建，这不仅是全面加强党的建设的需要，而且是良好警营生态建设的重要支撑。

总而言之，新时代警察队伍建设，必须根据生态学的原理，重视和梳理影响警察队伍建设的各种“生态因子”，努力去培育和发展有助于警察队伍建设的“生态因子”，并且构建各种要素之间相互作用相互支持的“生态系统”。曾经有段时期，苏州公安监管支队内部生态环境不太好，有66位警察打报告要求调离，而且连续发生多起违纪问题。新的领导班子到位后，深入调研和认真分析了影响警营生态的诸多因素，并有针对性地研究采取相应的治理措施，尤其是从加强党建入手，系统打出了“倡导学习、更新观念”“因人而异思想引导”“加强沟通理顺心气”“搭建平台创新创意”“建立规章机制管人管事”“发挥专长人尽其才”等生态建设“组合拳”。经过几年持续不断的努力，警队伍生态环境持续改进优化，不仅使这个容易被边缘化的团队一跃成为全局的先进集体，而且在全国同行中也成为公认的先进典型。人民公安报“内参”专门报道褒奖，并加发编者按，充分肯定了他们以良好生态促进警察队伍建设的经验做法。

三、适应新时代要求的警察队伍建设必须运用有效的战略管理

打造适应新时代发展要求的警察队伍，需要良好的警营生态来支撑，而警营生态建设是一个需要持续建设的系统工程。只有运用战略管理办法，根据每一个城市警察队伍的实际状况，制定和实施相应的生态建设、修复和改造的战略规划，才能有力有效地建设良好警营生态，并有力地提升新时代需要的警察队伍建设水平。

（一）制定目标规划蓝图

良好的警营生态建设，首先要有生态建设规划，这是实行生态建设战略管理重要前提。主要应该抓住以下“三件事”：一是认真调研理性分析。战略规划制定的第一步，就是进行战略分析，只有把警察队伍的现状，即警营生态环境建设面临的基础条件搞清楚，才能制定出科学的发展规划。二是确立愿景制定目标。围绕建设新时代需要的警察队伍，构思出警营生态建设要达到的战略愿景和相应的战略目标，从而为警营生态发展提供明确的导向。三是明确重点科学施策。根据警营生态发展的战略目标的实现，有针对性地提出相应的战略重点和战略对策措施，以保证警营生态建设的有效实施。

（二）认真组织有效实施

再好的警营生态建设规划都需要认真地组织实施，才能实现既定的战略发展意

图。为此，必须采取以下三个步骤：一是层层传导好规划。警营生态建设需要警队同仁共同努力才能有效推进，而关键是大家对于警营生态建设规划的认同。所以，搞好组织发动和思想引导非常重要。只有全体警察同仁认可警营生态建设方案，看到建设规划实现对未来警察队伍建设即将带来的好处，看到自己应尽的责任，才能心往一处想、劲往一处使，共同为实现警营生态建设的战略目标奋斗。二是细化目标落实责任。警营生态建设战略规划，是顶层设计，必须要有落地方案并且明晰各级各部门和每一个基层同仁的职责任务，这样才能便于操作，才能真正落地。因此，必须在警营发展规划的基础上，结合各自的岗位角色，制定和落实相应的职责任务。三是加强考核与激励。警营生态发展战略的实施中，必须通过相应的绩效考核来导向和监测，以便掌握进度，发现存在的不足，并及时改进优化。同时，要通过一定的激励方式，引导和督促执行。这也是警营生态发展战略的重要措施。

（三）保持定力不断优化

警营生态建设是需要持续推进的系统工程，不可能一蹴而就，必须通过一定的时间周期，并且一步一步地推进，不能毕其功于一役。在整个推进过程中，很重要的是保持战略定力，坚持不懈地往前走。只有这样，才能实现既定的警营生态建设的战略目标。根据许多地方的成功实践，关键在于把握住以下三条：一是不轻易改变战略。实践中，往往有这样的情形，一方面在组织实施中，很可能一时效果不明显，或者遇到了一些困难和问题，另一方面因为主要领导的更替，新的主要领导为了实现自己的主张，轻易改变了既定的警营生态发展战略。如果这样，警营生态建设必然会大打折扣，因此必须加以克服。二是持之以恒推进战略。既然是经过认真制定的警营生态建设战略，就应该坚持，持之以恒地推进，包括克服推进中遇到的困难。反之，半途而废，不仅可能使已经取得的成果“荒废”，而且还会有倒退的可能，严重影响警察队伍建设。三是与时俱进优化战略。在警营生态发展战略实施中，往往会遇到这样那样的困难和问题，特别是新情况新问题，这个时候，既要坚持推进，又要与时俱进改进优化，以高质量地实现警营生态发展战略，大力推动新时代警察队伍建设。

总之，新时代警察队伍建设赖以生存的警营生态建设，必须运用科学的战略管理办法，持之以恒地推进建设。只有这样，警营生态才能越来越好，新时代警察队伍建设的根基才能越来越扎实。苏州市警方曾因为生态环境基础不够扎实、警察队伍建设状况不够理想，在上级组织的“队伍正规化示范城市”考核中排位较低，特别是实际的公众安全感和满意度排名靠后。后来，通过对警队建设包括生态环境情况的调研分析，认真制定了系统的优化警营生态建设的战略规划，并围绕构建“积极向上、民主和谐、创新创意、真抓实干、风清气正”好生态，制定了警营生态建设的指标体系和阶段性行动方案，组织发动各级各部门和全体警察同仁实施推进，经过前后五年多时间的积极努力，警营生态状况得以根本性改观，警察队伍心气顺畅、热情高涨、踊跃创新创意、注重真抓实干并且讲规范守规矩，大大促进了警察队伍建设的良性发展，取得了党委政府、上级机关、人民群众和警队同仁“四满意”的战略目标。

日本警务工作与媒体关系之探讨

王　军[*]　涧　平[**]

摘　要：在各类传媒日益发达、人权意识不断提高的背景之下，日本警方在与大众传媒的关系处理中所出现的问题，也是中国正在或将会出现的问题，应该引起中国警务研究工作者的注意。

关键词：警方案情发布　大众传媒报道　市民知情权　个人隐私　名誉侵害　国家赔偿

我们曾在《日本城市警务初探》[1] 一文中提到，日本人均警力配置约为中国的两倍，基本与世界平均线持平，但需补充的是，日本街头的高见警率实与日本警力的分散型配置有关。且从世界范围来看，日本警务系统也相对比较完善，运作也较为成熟。但本为保护市民安全、确保一方平安的警务工作仍会在涉案线索与信息收集、案件搜查与侦破、涉案人员审讯及其后诸环节中出现侵害市民人权等现象，严重的则会发展为国家赔偿等重大民事诉讼。特别是在各类传媒日益发达、人权意识不断提高的背景之下，日本警方在与大众传媒的关系处理中所出现的问题，也是中国现在或将会出现的问题，应该引起中国警务研究工作者的注意。

同时，作为信息传播及社会各方相互沟通的媒介，报纸、杂志、广播、电视、电影、音像制品等大众传媒日益多样与庞杂，尤其是近些年伴随着网络与智能手机等便携式终端设备的快速普及，包括社交媒体在内的各类新媒体不断涌现，传媒间的竞争也愈演愈烈，特别是随着中国市场化的纵深推进，相较于大众传媒本应具有的公共性与公益性，作为赢利实体，各类媒体被动迎合、主动追求甚至有意刺激大众好奇心的倾向既无法否认也难以避免。对此，即便是作为一个资本主义国家，日本也不能以“见怪不怪”一笔带过。特别是涉案报道，日本警方是第一手信息源，自然是各路媒体竞相追逐的对象，但在信息提供的内容、方式等方面仍然存在着无法忽视

---

*　王军，中日名流出版社法律编辑室主任、编审。

**　涧平，公安部公安发展战略研究所城市警务研究中心特聘研究员、教授。

1　王军、涧平：《日本城市警务初探》，载《城市警务研究》2018 年第三辑，第 51-59 页。

的诸多问题，从而导致对嫌疑人、被告人甚至受害人及其家属、亲友的人权侵害，对于如何把握、处理与大众传媒间的关系，以及在两者关系处理中日本曾经出现以及正在出现的问题，中国警方、大众传媒及社会各方也应进行深入的思考，予以足够的重视。

一、日本传媒涉案报道的倾向及特点

报道自由受到日本《宪法》第21条的保障，并被日本社会公认为维护与维持民主社会正常运作的必然选择，而各类传媒对犯罪案件的报道，也得到市民知情权这一理念的支撑，但被报道方同样受宪法保护，其人权却因大众传媒涉案报道而遭到侵害，特别是其家属、亲友，本与案件无关却也不得不辞职、搬家、分居、离婚，甚至子女无法正常接受学校教育等，以及由此引发民事诉讼（包括警方案情发布及传媒报道的内容与方式失当），即被报道方当事人本不应有的遭遇及本不应发生的后续纠纷也必须引起中国有关方面的注意。

遗憾的是，上述宪法条文、理念的现实违拗及在实际操作中产生的各类纠葛与矛盾究竟该如何处理，直到今天，日本社会也依然没有定论。但在涉案报道的落脚点之一，即各类犯罪案件的市民知情权方面，日本刑法学者平川宗信的观点值得参考，平川先生在《犯罪报道与人权》（《罪与罚》第22卷2号）中指出，重点不在于一个又一个具体个案，而在于犯罪事实所具有的社会意义，即传媒不应一味对各类案件进行表面性追踪，如谁、在哪里、因何事被捕等；而应将各类违法犯罪视为一个又一个社会问题，作为在各类社会关系中出现的社会性病理现象深入挖掘。这一观点也有来自社会学理论的支撑，比如迪尔凯姆（1858—1917，法国）认为，所谓“个人”的心理、行为等都不过是“社会”的反映。从这一观点出发，有利于预防同类案件的发生。

下面，先简要归纳介绍一下日本传媒在涉案报道中易对被报道对象造成人权侵害，最终酿成不应有的悲剧，从而引发民事诉讼的几种报道倾向。

1. 重搜查过程、轻判决结果

关于日本传媒涉案报道的倾向及特点，日本人权律师五十岚二叶曾在《犯罪报道》一书中提到，在与世界级代表性媒体《纽约时报》的月报道量进行比较得出，日本某代表性媒体除事件报道过多（约为《纽约时报》3倍）之外，在事件报道的具体内容方面也有明显不同：《纽约时报》中比重最大的是与法院审判相关的报道，即由一审到上诉到终审判决，以及与法院活动相关的报道等，这类报道在所有事件报道中占比高达56%。《纽约时报》中比重最小的搜查报道占20.5%，即从搜查机关逮捕嫌疑人到起诉的相关活动，却在该日媒的事件报道中所占比重最大，高达

62.5%，而与法院审判相关的报道则仅占21%。尤其要引起重视的是，很多事件报道在某人于某地被捕的报道之后便再没下文，审判过程及最终判决结果如何不得而知，但因日本警方误抓误捕的案例也并不鲜见，这就很有可能给被报道方带去不应有的实际损害。特别是在实名报道的情况下，即便以“嫌疑人”加以表述，侵害被报道方人权，从而引发后续民事诉讼的可能性也非常大。

这当然与日本受众对事件报道关注点的偏好有关，但媒体借由审判过程及最终判决结果的报道引导受众理性、深入地了解事件原因，剖析事件所具有的深层社会意义，即大众传媒在发挥其应有的公共性、公益性，切实防范同类案件的再次发生方面无疑是下力不足甚至缺席的。警方在向传媒提供相关信息时，应注意这一报道倾向的另一弊端：因对搜查报道的偏重，即不等法院审理并宣布最终判决结果，便在搜捕阶段仅依据警方提供的信息单方面以“某某案件告破”“某某某被捕”的方式大幅报道，无形中误导受众直接将案件嫌疑人视同为罪犯，更为严重的是，以直接断言嫌疑人就是罪犯的方式加以报道的媒体的存在。这不但与嫌疑人无罪推定的近代刑事诉讼法相违背，更重要的是，如前所述，因日本警方在案件侦破中误抓误捕的案例也并不鲜见，极易引发因人权侵害而提起的民事诉讼。

2. 将事件原因归罪于个人人格

正如社会学家迪尔凯姆所言，几乎在所有的犯罪案件中，最终酿成悲剧的原因都很复杂，可以断定要由嫌疑人个人负全责的案例极为罕见。但日本传媒在犯罪案件报道中依然存在以下倾向，即深入挖掘、全盘否定嫌疑人人格，从而将案件的发生归罪于个人。这种报道倾向即将一切责任归因于嫌疑人个人，不只有违事实，且对防范同类案件的再度发生毫无意义。

比如，日本传媒提及率较高的一次酒驾事故：福冈某公务员因酒驾而致最大仅4岁的3名幼儿死亡。肇事者的公务员身份、酒驾、幼儿殒命且多达3名，特别是驾车逃逸（驶出300米后因车辆严重受损无法行驶而放弃），且于事故发生后大量饮水企图掩盖酒驾证据等举动，引日本媒体群起而攻之。的确，若只看这一侧面，肇事者无疑是“罪大恶极”　“卑鄙无耻”。而日本媒体也紧紧抓住这一方面，围绕着“恶劣如此，再无他人”展开人格否定战，轮番轰炸。但一方面，人都具有多面性，如上述肇事者，他在生活中很认真，而作为公务员工作也很有热情，对待市民很和蔼，并非媒体所描述的“恶的化身”，但遗憾的是，不只是日本的大众传媒，包括日本法院对刑事案件等的审理在内，都存在只取嫌疑人、被告人违法性一面，并以此为由全盘否定其人格的现象。但正如某日本律师所言，现实生活中，完全没有违法行为的完人应该是不存在的。另一方面，或者说更为重要的是，若将事件原因归咎于嫌犯人格，就失去了理性剖析事件原因并借以防范同类事件再度发生的意义。

3. 报道双方家属等无关人员

与挖掘、否定嫌犯人格相关联的是，在日本大众传媒的事件报道中，与案件毫无关系的嫌疑人、被告人及受害人家属、亲友等也会大幅出现于各类报纸、杂志、电视等媒体之上。这无疑会满足大众好奇心，也有助于提高报刊销量及电视收视率、电台视听率，但他们与案件无关，本没有报道的必要，特别是受害人的真实姓名、家人及其经历等，有充分理由加以报道的情况实际上非常少见。尤其是各类传媒不顾及嫌疑人、被告人及受害人家属、亲友感受，不分昼夜轮番采访与追踪的行为本身，与由此引发的社会对被报道人的误解与偏见及对其日常生活产生的负面影响等本值得各类媒体进行反思，但遗憾的是，正如2017年10月在神奈川县座间市发现男女9具遗体的事件中，尽管受害人家属提出了匿名报道的请求，但被大多数媒体无视，自始至终以匿名方式报道的媒体少之又少；而针对相模原市某设施内的一起杀伤事件，当当地警方表示尊重受害人家属意愿，受害人姓名不予公开时，也遭到了日本媒体的一致反对。

当然，日本媒体反对的原因也不难理解。实际上，早在2004年12月，日本便颁布了犯罪受害人等基本法，2005年12月，基于该基本法的犯罪受害人等基本计划又通过了内阁的决议。其中，为保护受害人等的相关信息，明文将实名或匿名发布的判断权委托给了警方。当然日本媒体各有其独立的报道标准，即便警方实名发布，考虑到可能会对被报道方产生的负面影响，有的媒体也会选择匿名报道，但当涉及死亡等“重大事件”时，日本传媒则多以实名报道为主。而若警方匿名发布，媒体要展开独立采访又会出现困难，特别是在搜查阶段，会导致媒体无法准确地向社会“报告”警方与检方的搜查工作，从而弱化媒体对公共部门的监督功能。但也有意见认为，媒体依据警方、检方提供的信息撰写稿件、制作节目等，其监督功能究竟如何也值得怀疑与商榷。且就市民而言，不想公开自己姓名的意愿同样得到日本宪法的保障，媒体基于言论自由的实名报道意愿，其宪法地位并不高于前者。

尽管国家不同，报道自由、个人隐私及市民、警察、媒体之间的相互关系、相应的社会观念等各不相同，但包括受害人及其家属亲友在内，为构建一个不对被报道方抱有误解与偏见，尊重其尊严，且在必要时能为之提供制度性支持的社会，各方的理解、体谅与协作就必不可少。比如在英国，犯罪受害人信息如何发布由警方与媒体协商决定，警方以实名发布为原则，媒体报道以政府通信管理局（OFCOM）及民间新闻投诉委员会（PCC）制定的统一标准为纲领等做法值得参考。

4. 恢复名誉报道不足

日本传媒涉案报道中的这一特点实与“重搜查过程、轻判决结果”有关。2018年6月，参与《鲁邦三世》真人版等多部影视剧制作的制片人佐谷秀美在东京霞关司法记者俱乐部召开新闻发布会称，无罪判决的结果早已出来，却不见一家媒体报道。2016 年 11 月，佐谷秀美因涉嫌诈骗被捕，尽管法院早已在 2018 年 2 月宣判其无罪，但网上却仍只有其被逮捕时的报道，还有一些博客、推特甚至因此诋毁其参与制作的影视作品，让其遭受了较大的经济损失。

当然，这无疑与前文提到的实名报道密切相关。尽管日本有律师主张，为防止实名报道所产生的危害及其导致的经济损失，原则上应对其全面废止。实际上，北欧也确有国家已经原则上废止了实名报道，但在日本，一是实名报道符合宪法保障的言论自由，加之日本社会强调媒体的公权监督功能等，所谓废止实名报道在日本依然难成现实。但正如前文所述，因日本警方的误抓误捕，逮捕时实名报道的危害自不待言，包括起诉、判决在内，失误同样不时发生。即便报道从逮捕、起诉到判决均正确无误，但被报道对象回归社会受阻的案例不胜枚举。当然，这无论是对其个人还是社会，都是非常不利的。

因此，即便在日本立即全面废止实名报道存在困难，但也仍有意见认为，至少应在逮捕、嫌疑人否认起诉内容、物证缺乏可能酿成冤案等情况下予以匿名报道，且视罪行轻重及犯罪形态而定。若实名报道过于苛刻，也以选择匿名报道为宜，并以此为基础不断扩大匿名报道范围。正如“佐谷秀美诈骗案”所示，日本媒体在逮捕、起诉时以实名报道，但最终不予起诉或宣判无罪，需要恢复被报道人名誉时却无人问津的现象的确非常严重。而就日本检方、警方而言，即便被逮捕的嫌疑人因没有嫌疑、嫌疑不充分等最终免予起诉，也不会主动公布这一判决结果。在此过程中，除参与报道的媒体外，以日本警方信息发布方式不当为由基于国家赔偿法起诉警察当局的案例也并不鲜见，理应引起中国警方的警醒。

二、日本警方案情发布与媒体报道中存在的问题

在与大众传媒的关系方面，日本警方有这样一句话，“一百次宣传不如侦破一个案件”。因日本媒体事件报道对搜查过程的重视，只要警方公布如何就某一案件侦破全力展开搜查，最终在哪里逮捕了谁，各类媒体就会“自动”以影音文字等立体式报道给市民，效果远比受理居民投诉、乐队（日本各都道府县警察都有自己的乐队）演出、组织居民参与“某某联络协议会”等活动要好。从这句话中也足可以看出，日本警方对大众传媒的重视。

但在日本警方信息发布与大众传媒信息传播及两者关系中也存在着无法忽视的诸多问题。

1. 媒体对警方发布内容缺乏核实

对各类媒体而言，警方的案情发布可以说是涉案报道唯一的一手信息源，而为抢在警方的案情发布及其他媒体报道之前，各媒体可谓争先恐后，加之截稿时间的

限制，在与警方长期交往中建立起的信任，记者俱乐部这一特殊制度的存在等，都会导致对警方发布信息核实、确认不足，从而引发人权侵害及随之而来的诉讼。

特别是记者俱乐部制度的存在。记者俱乐部的前身是1890年因日本召开第一届帝国会议而由《时事新报》牵头组织的“议会出入采访团”，后来演化为报社、通讯社、电视台等各主流媒体机构设于首相官邸、各大省厅、地方政府及公共团体、警察署等各行业机构等，涉及日本政治、经济、文化、教育、科技、体育等几乎所有社会领域的记者室。其中，以都道府县政府、警察（检察、法院）、市政府与经济四大领域为主轴。日本各大报社、电台、电视台等媒体发布的消息，约有70%以上来自该俱乐部。比如，官房长官菅义苇一天两次的新闻发布会，很多日本民众误以为是政府组织的，但实际上是由“首相官邸记者俱乐部”主办的。

因记者俱乐部制度的存在，要对政府等公共机构与部门进行采访，就必须成为该俱乐部成员，但审查严格且耗时，并因排斥外媒而被海外视为日本封闭性与封建性的象征。而在日本国内，该俱乐部不同于美国白宫内的类似组织（被视为媒体与新闻发布者的战场），很容易因批判所驻机构，不接受其稿件修改意见等原因而被驱离俱乐部、禁止出入或拒绝提供新闻素材等。因此，为避免稿件因与其他媒体的报道不同而出意外，记者间也会核对笔记、统一稿件。相对于核实甚至批判，各成员媒体更倾向于合作与协助，该俱乐部也因此被视为日本中央及地方政府等控制、试探及引导舆论的工具。

具体到日本各警察署内设立的记者俱乐部，一般设于总务部宣传课旁，归宣传课管辖，主要是定期召开新闻发布会，必要时临时召开发布会等，就事件内容及搜查进展情况向俱乐部成员媒体的记者作案情发布，回答记者提问等。但从日本法院的判例来看，若警方对嫌疑人的怀疑缺乏合理性，在事实证据并不充分的情况下就向媒体发布的行为本身是带有违法性的，且整体而言，俱乐部内各媒体记者基本依靠警方发布内容撰写稿件，很少进行确认与核实，这就为日后在法院审判阶段因搜查、审讯中的疏忽错漏及其后针对警方与媒体提起的诉讼纠纷埋下了隐患。日本也有事件报道的资深记者抨击记者俱乐部制度，但至今没有根本性改观。

2. 警方案情发布内容失当

即便警方发布内容全无问题，俱乐部成员媒体可以不加确认与核实原封不动地加以报道，但这对嫌疑人、被告人及其家属、亲友，甚至受害人及其家属、亲友而言也是难以承受的。而严重侵犯被报道方个人隐私，侵害其名誉，也正是被报道对象基于名誉损害起诉媒体或基于国家赔偿法起诉警察当局的事件呈多发态势的原因之一。

那么，日本警方的案情发布失当主要表现在哪些方面呢？

其一，在因案情发布失当而提起的诉讼判例中，因侵害他人名誉构成名誉损害并负有赔偿责任的，主要表现为对嫌疑人人格构成不当诽谤，或无法断言警方的媒体发布是出于公共利益考虑或公益性目的，以及所发布“事实”没有充分的客观依据甚至主观臆断等。以上种种都极易对嫌疑人构成名誉损害，引发国家赔偿等民事诉讼。

例如 1982 年大阪地方法院的一个判例。某国立大学教授提供给大使馆的资料并非企业机密，并不构成犯罪，但警方却在明知这一事实的情况下向媒体作了不当发布，法院因此判处警方对该教授构成了名誉损害。该判决主要依据《警察法》第 2 条第 1 款与第 2 款之规定。根据第 1 款的规定，为维护公共安全与秩序，警察负有预防、镇压犯罪及搜查职责，但并非所有搜查内容都可以向社会公布。而根据第 2 款的规定，警察负有的职责仅限于维护公共安全与秩序之目的，不得滥用职权。由此，判决“法官无法得到（该教授）犯罪成立的心证”，而该事实的发布也与公共利益无关，亦无法称之为出于公益性目的。

其二，犯罪“事实”的判断依据不足。例如 1975 年福冈地方法院的一起判例。当地警方搜查总部相信了一名受重伤的弱智嫌疑人的供词，断定其为真凶并向媒体公布，同样构成了名誉损害。判决指出，即便嫌疑人坦白认罪，但只要没有有力的证据支持，就不应断定嫌疑人就是罪犯并向媒体公布。不只是嫌疑人的认罪供述，受害人、目击证人等的口供没有充分客观依据时就发布，同样会构成名誉损害。又如，1971 年千叶地方法院的一起判例，报社记者据警察署署长发布的消息所写的报道《某市议员的猥亵嫌疑》有违事实而构成名誉损害。在该案例中，嫌疑人没有明确的认罪供述，而受害人及目击证人的供述也暧昧不清，最重要的是，如果警方展开周密搜查有可能轻易找到确凿物证并锁定犯人。因此，据受害人及目击证人的供述而判定该市议员为犯人，事实认定“理由并不充分”。

3. 日本媒体报道纠纷给警方的启示

有些问题虽是日本媒体在涉案报道中出现的，有的与警方的案情发布失当有关，有的则会给警方以弥足珍贵的启示。由 1980 年神户地方法院的一起判例可以看出，日本媒体将案情报道寄托于一名警察无疑是有问题的，但值得注意的是，普通警察也无权向媒体相关人员作案情发布。在该案例中，一名普通警察向报社记者发布了案情，最终对嫌疑人构成了名誉损害。针对当事警察所发布的“事实”，判决表示，其对嫌疑人的怀疑缺乏合理性，无法证明其发布内容与事实相符，从而对嫌疑人构成了名誉损害。

在案情发布方面，《犯罪搜查规范》第 25 条明文规定，“关于搜查，必须由警察本部长或警察署长（若设立搜查本部则由搜查本部长）或指定人员向报纸及其他报道机构发布。”由此可以看出，在警方案情发布方面，对嫌疑人等相关人员的名誉是有充分考虑的。具体到该案例，其媒体发布只能由刑事课长负责，当事警察由是被问以过失之责。

在 1981 年静冈地方法院的一起判例中，虽然警方的案情发布未被视为有问题，但报道中出现的问题同样会给警方多方面的启示。在该案例中，因报纸报道有误对死者构成了名誉损害，并因此而对死者遗属（近亲）也构成了名誉损害。该报道“存在肉体关系”的报道内容有违事实，报纸仅依据警方的案情发布和对公寓所有者的采访便断定“存在肉体关系”，事实依据“并不充分”。

而在同年东京地方法院某判例中，一家周刊则因对嫌疑人私生活的有关报道而对被报道人构成了名誉损害。该判例昭示了媒体登载嫌疑人私生活的限度范围，对“警方发布”的方式也富于启示。判决指出，对犯罪事实的摘示之所以事关公共利益，在于其让大众觉察、知晓犯罪行为（嫌疑）的发生，从社会立场出发，对犯罪行为的发生起到警告、预防及抑制之效。因此，一般情况下，摘示仅限于“犯罪事实及与之密切相关的事实”。特别是在事实虽与犯罪事实相关但并不确定的情况下，更要给予充分的考虑，自始至终都要注意嫌疑人或被告人的人权问题。在逮捕、拘留、起诉、一审判决等各个不同阶段，注意点各不相同，而在本案例中的逮捕、拘留阶段无疑是最需要给予注意的。

三、日本警方案情发布的启示

瑞典最大早报《每日新闻报》的犯罪报道资深记者史蒂芬认为，在警方搜查阶段，很多信息都是不确定的，特别是搜查初期，警方信息完全错误的情况也非常多见。如要准确把握事件，最万全的办法就是在起诉之后采访律师或检察官。并称这是小学生都明白的道理。他认为，媒体应该报道的，是事件所具有的社会意义与事件发生的社会背景，以及司法程序是否公正，而非搜查阶段并不准确的搜查信息。并且，随着搜查工作的进展，警方虽能慢慢看清事件全貌，但在搜查初期，警方本身也是一头雾水。由此还可以看出一点，即瑞典媒体事件报道的数量本身就非常少。瑞典《每日新闻报》共有约 260 名记者，但包括史蒂芬在内，负责事件报道的记者却仅有两名，且要负责警方、检方与法院的所有采访（日本各大媒体则分别在警察署、检察院、法院均设有记者俱乐部）。涉及到对警方的采访，虽会在事件发生阶段撰写较短的新闻稿件，但几乎所有事件采访都是从检方起诉时才开始的。因此，史蒂芬本人也从未在事件发生及警方搜查阶段遭遇过采访大战。这一点与前面提到的《纽约时报》的涉案报道倾向有类似之处。

但就日本的现状，即日本社会对犯罪案件的关注点及与此紧密相关的涉案报道倾向而言，日本警方在案情发布中都会注意哪些事项，又会给我们带来什么样的启示呢？

作为警方案情发布的原则，根据日本《警察法》第 2 条第 1 款之规定，虽尚未提起公诉，但与嫌疑人犯罪行为相关的事实均事关公共利益，因此，警方向媒体公布“犯罪事实”，旨在预防同类案件的发生，向善良市民发出警告，并通过逮捕罪犯消除社会不安，以此维持社会秩序等，是事关公共利益、具有公益性的。

但根据《警察法》第 2 条第 2 款之规定，警察活动应严格限定于第 1 款规定的职责范围之内，履行职责时以不偏不倚、公平公正为宗旨，不得滥用职权，干涉宪法所保障的个人权利及自由。因此，警方需确认对“犯罪事实”的公布是否限定于维持公共安全与秩序的范围之内。也就是说，据日本《宪法》第 11 条、第 13 条及《刑事诉讼法》第 196 条之规定，即便是犯罪嫌疑人，警方在对媒体作案情发布时也要充分考虑到嫌疑人所拥有的人权与人格尊严，从确保其公、私生活的安定出发，尊重其名誉。特别是在犯罪搜查的初期阶段，即自愿协助调查及逮捕阶段，因犯罪事实尚不确定，警方对相关“事实”真实性的确认存在难度，案情发布需慎之又慎。

具体而言，在日本警方的案情发布中，为避免对嫌疑人、被告人甚至受害人及家属、亲友造成人权侵害，避免引发日后的诉讼纠纷，案情发布的信息需符合以下四个条件：一是事关公共利益；二是以公益性为目的；三是具有真实性；四是即便并不真实，发布者也有充分理由断定是真实的，且能被法官等认可。反之，若不符合以上四个条件，警方就需对案情发布有所限制。具体而言，主要表现在以下几个方面：

1. 有违公共利益及公益性目的的不予发布

如果发布内容对嫌疑人人格构成诽谤，或法官日后得不到犯罪成立的心证，就很难说案情发布是事关公共利益、出于公益性目的，也就不宜向媒体发布。但即便案情发布事关公共利益，也是以公益性为目的，但若综合考虑，给被发布人带来的损害会大于前者，如轻微的冲动型犯罪、存在暂缓起诉的可能性等，就要充分考虑是否公布嫌疑人、被告人以及受害者等的真实姓名及相关个人隐私。

2. 限于犯罪事实及与之密切相关的事实

如另案逮捕，即尚无证据以甲罪（或重罪）逮捕嫌疑人时，以已有证据的乙罪（或轻罪）实施拘留、逮捕，其本身就具有违法性，即对嫌疑人受宪法保障的权利构成重大侵害，应避免认定其为甲罪嫌疑人并向媒体发布。即便警方认为某人有嫌疑，但尚无客观证据时，不应向媒体公布嫌疑事实。

因另案逮捕而对嫌疑人构成人权侵害的判例非常多。比如 1974 年长崎地方法院的一起判例。在杀害长崎县议会议长一案中，警方在搜查过程中认为一名女性有作案嫌疑又没有证据，便借其他案件的暴力行为嫌疑逮捕了这名女性。该判决基于详细的事实认定，判定该逮捕行为违法，且违法行为在该女性被拘留期间一直持续。所以，在仅认为对方有嫌疑的情况下，警方不宜向媒体公布嫌疑事实及其他信息。

而与犯罪事实密切相关的事实则是指，如果嫌疑人利用自己的经历、人际关系实施犯罪，则其经历与人际关系即为与犯罪事实密切相关的事实，其他事实则不宜发布。

3. 无法证实的事实不予发布

主要有以下几种情况：嫌疑人并未明确坦白罪行，而受害人及证人的供述也模糊不清，且缺乏物证；尽管嫌疑人坦白了罪行，但没有有力的证据支持；嫌疑人死亡，虽然相信生存者供述，但尚未展开搜查或补充搜查以证实生存者供述；在涉及民事纠纷的刑事案件中，只听取了一方说法，尚未就另一方当事人意见展开充分的搜查；青少年案件避免以实名发布。

再就是对案情发布人的限定。警方向媒体进行案情发布的负责人限定于警察本部长、警察署长、搜查本部长或其他指定人员，指定人员需有负起相应责任的职务地位。

这一点至关重要，作为隐秘性较高的警察组织，负责案情发布的宣传部门是日本警方唯一的对外“窗口”，责任重大，负责人通常具有丰富的搜查经验，比如警察本部的宣传部门通常是由二号人物，即次长（警察署则是副署长）来负责。因记者俱乐部制度的存在，按惯例，案件相关信息也只向由主流媒体加盟的该俱乐部成员提供。多数情况下，案件发生时，宣传部门负责人会与搜查部门一起归纳案件概要提供给记者俱乐部，并由次长或副署长接受媒体记者的个别采访。尤其是发生重大案件时，即便是记者俱乐部成员，想详细报道的记者一方与不想在犯人逮捕前透露搜查信息的警方之间也很容易发生冲突，如何权衡与应对也是对日本警方宣传负责人的一大考验。

整体而言，在日本，因犯罪报道的社会关注度较高，作为民间赢利企业，日本媒体犯罪报道较多且侧重于搜查阶段的倾向依然非常明显。尽管早在1984年，时为共同通信社记者的浅野健一便以《犯罪报道之犯罪》一书抨击日本媒体，描述了事件报道、犯罪报道肆意蹂躏嫌疑人、被告人及受害人人权的情况，而且对事件、犯罪的集中报道反而会让市民过度不安的弊端也是有目共睹，但直到今天，日本媒体的这一倾向都未出现根本性改观，特别是对不确定信息较多的搜查阶段的报道，无形中就使得警方的案情发布侵害了被报道方人权，从而为日后诉讼纠纷埋下了隐患。在这方面，很多情况在中国已经出现，相信日本的过去及现状，特别是警方在案情发布中的注意事项等会给我们以有益启示。协调好与媒体之间的关系，既能通过案情发布向社会发出警告，让大众了解犯罪行为的发生，并能从社会立场出发起到预防及抑制同类犯罪再度发生的效果，构建一个更为安全、安宁与稳定的社会，又能避免因对双方当事人及其家属亲友的人权侵害而提起的不必要的诉讼纠纷，且尽量不对犯人日后回归社会造成阻碍而引发其他不安定因素，造成其他的社会问题。

反思与重构：审判中心主义下公安刑事执法理念的型塑*

姬艳涛** 金　韬***

摘　要：党的十八届四中全会审议通过的《中共中央关于全面推进依法治国若干重大问题的决定》中提出，“推进以审判为中心的诉讼制度改革，确保侦查、审查起诉的案件事实证据经得起法律的检验”。以审判为中心的诉讼模式改革，给公安刑事执法工作提出了更高的要求和标准。为适应新时代下司法改革的要求，应重新检视侦查诉讼地位，转变传统侦查理念，促进从“侦查中心”向“审判中心”司法观的转型，从“由供到证”向“由证到供”证明观的革新，从“实体公正”向“程序正义”价值观的演进，从“犯罪控制”向“法治侦查”办案观的重塑。

关键词：审判中心主义　法治公安　刑事执法　侦查理念

在我国公检法三机关的“流水作业”诉讼模式中，侦查实际处于刑事诉讼的中心地位，无论是对指控证据的收集还是对犯罪事实的认定，都发挥着实质性的决定作用。而无论是审查起诉还是法庭审判，都大体上属于对侦查结论的形式审查活动，或者至多发挥着程序补救和完善补充的作用。[1]在“侦查中心主义”传统思维的长期影响下，公安机关侦查取证工作的重心往往局限于案件犯罪事实的侦破，再加上书面裁判主义和相应的卷宗移送制度的导向作用，使侦查人员比较关注案件是否能顺利移送审查起诉，而不太重视调查取证是否能够满足案件起诉、审判阶段证明犯罪事实和审查判断证据的需要。同时，在“流水作业的纵向构造模式”影响下，侦查办案人员诉讼意识和庭审意识淡薄，认为案件侦破后“接力棒”就移交给检察机关，出庭支持诉讼是公诉人员的职责而与自己没有关系。事实上，在以侦查为中心的刑

---

*　本文是中国人民公安大学法治中国研究专项课题“以审判为中心改革与警察执法应对研究”（2018XKFZZG15）研究成果之一，亦属北京市社会科学基金项目“派出所法律实施与北京基层治理法治化”（18FXC018）阶段性研究成果。

**　姬艳涛，中国人民公安大学教师，法学博士。

***　金韬，中国人民公安大学2017级公安学硕士研究生。

1　陈瑞华：《论侦查中心主义》，载《政法论坛》2017年第2期。

事诉讼构造中，侦查机关、公诉机关和审判机关在各自的侦查、起诉和审判程序中成为了具有权威地位的裁决者，并通过“接力比赛”的模式推动着整个刑事诉讼的进程。而这种“接力比赛”式的审查和加工，使得法庭审判变成对侦查机关证据材料的审查和确认过程，在很多情况下，即便侦查机关所得出的结论并没有得到足够的证据支持，甚至案件存在明显的矛盾或者疑点，法院也会对此加以迁就，而作出所谓“留有余地”的裁决。[1]可见，“以侦查为中心的刑事诉讼构造”，不仅造成了侦查阶段中追诉证据的封闭式采集、涉案财物的强制性处分和人身自由的非诉讼化处置，而且还在很大程度上造成了“线型”侦查构造下的权力泛化、公检法“工序关系”下正当程序的异化以及“接力式”追诉模式下法庭审理的形式化。

为促进侦查中心主义向审判中心主义的转型，党的十八届四中全会通过的《中共中央关于全面推进依法治国若干重大问题的决定》提出，要“推进以审判为中心的诉讼制度改革，确保侦查、审查起诉的案件事实证据经得起法律的检验。全面贯彻证据裁判规则，严格依法收集、固定、保存、审查、运用证据，完善证人、鉴定人出庭制度，保证庭审在查明事实、认定证据、保护诉权、公正裁判中发挥决定性作用”。《关于全面深化公安改革若干重大问题的框架意见》指出：“围绕推进以审判为中心的诉讼制度改革，完善适应证据裁判规则要求的证据收集工作机制……”事实上，推进“以审判为中心”的诉讼制度改革对公安侦查取证工作提出了更高的要求和标准，为适应新时代下司法改革的要求，应重新检视侦查诉讼地位，转变传统侦查理念，促进从“侦查中心”向“审判中心”司法观的转型，从“犯罪控制”向“法治侦查”办案观的重塑，从“由供到证”向“由证到供”证明观的革新，从“实体公正”向“程序正义”价值观的演进。

一、从侦查中心向审判中心司法观的转型

在“以审判为中心”的诉讼模式改革下，侦查人员应当摆脱传统侦查中心主义的影响，促进“平面式”追诉思维向“阶层性”侦查思路的转变，审问型单轨运行向诉讼化侦查观念的转变，封闭性证据采集向庭审化程序理念的转变。

首先，促进“平面式”追诉思维向“阶层性”侦查思路的转变。案件侦查思路实质上是一个“找法”“定性”和“归责”的复杂思维过程。在侦查实践中，受“犯罪构成四要件”的长期影响，侦查人员在案件侦查中最常用的就是“平面式”侦查思路，即通过对犯罪行为的主体要件、客体要件、主观要件和客观要件的综合考察分析来确定案件侦查的范围与方向。“从实务的立场上看，在我国处于通说地位的

1 陈瑞华：《刑事诉讼的前沿问题（上册）》（第5版），中国人民大学出版社2016年版，第277页。

犯罪构成存在诸多弊端：其只能静止地看待犯罪成立的条件，无法展示定罪过程，难以对行为从不同侧面、不同层次进行反复推敲和检验；容易根据形式判断得出结论。”[1] “平面式”侦查思维虽然在实践中具有较强的可操作性，但是其一直存在着以“有罪推定”为侦查导向的倾向。具体而言，在“平面式”侦查思维导向下，侦查人员往往首先判断报警人有无报假案的可能，其次确定是否为刑事案件，再次确定受害人的身份，最后根据受害人的社会关系及相关证据寻找犯罪嫌疑人。同时，在锁定违法嫌疑人的过程中，侦查机关不是依据证据关联性，即证据与案件事实的客观联系推定嫌疑人，而是根据自以为成立的因果关系而寻找嫌疑人。证据是链接犯罪事实的逻辑点，案件侦查应当以各项证据为各个侦查起点，而不是依据自以为是的假设及感觉来确定侦查方向，否则就可能引起各类冤假错案。“平面式”侦查思维中放大了“先入为主”观念，这种主观性与局限性往往会使侦查人员忽略案件中其他存疑的情况，从而导致刑事错案的生成可能，严重影响司法的公正性。

借此，为弥补“平面式”侦查思路所存在的科学性不足和技术性缺陷，应在“由表及里”“由现象到本质”的认识论基础上，促进“平面式”追诉思维向“阶层性”侦查思路的转变，即由事实判断转为价值判断、由形式判断转为实质判断、由客观判断转为主观判断。[2] 侦查实践中，“阶层性”侦查思路要求侦查人员避免对主观与客观要件的简单堆砌和线性演绎，而应当在案件侦破中按照以下顺序层层递进：是否存在犯罪行为—是否存在犯罪结果—犯罪行为和犯罪结果是否存在因果关系—是否存在伤害故意的侦查思维过程。

其次，促进审问型单轨运行向诉讼化侦查观念的转变。在侦查中心主义诉讼构造下，由于在权力分配中形成了以侦控权力为基调的权力格局，因而我国侦查程序也被称为单轨运行的审问型模式，即“追诉本质在于注重发挥侦查机关在刑事诉讼中的职权作用，而不强调犯罪嫌疑人的积极性”。[3] 审问型模式具有淡化犯罪嫌疑人主体地位、弱化司法制约侦查程序和强化侦查权扩展的特征。在我国，之所以被冠以审问型模式，一方面是因为侦查程序中没有形成权力制约的诉讼格局。侦查机关在审前程序中具有较大自由裁量权，特别是侦查机关对犯罪嫌疑人的未决羁押、对涉案财物查封、扣押、查询、冻结等强制性处分以及对刑事案件的终结分流等，使得侦查权力呈现出非理性扩展的倾向。另一方面，由公安机关主导的侦查程序，割裂了辩护权与侦查权之间应有的平等对抗关系，使得侦查活动沦为权力机关的“独

1　周公权：《犯罪构成四要件的缺陷：实务考察》，载《现代法学》2009 年第 6 期。

2　赵颖：《以审判为中心背景下侦查思路的选择》，载《中国人民公安大学学报（社会科学版）》2017 年第 6 期。

3　左卫民：《价值与结构：刑事程序的双重分析》，法律出版社 2003 年版，第 79 页。

角戏”，导致违法取证行为屡禁不止。[1]同时，侦查取证程序的相对封闭性，使得犯罪嫌疑人很难参与到案件的调查取证过程中，侦查程序实质成为侦查机关单方的刑事追诉活动，而由此收集的证据在证据能力和证明力方面也会受到不同程度的冲击和影响。

侦查诉讼化，是指依据权力制衡理论，按照侦查机关、检察机关与审判机关三方的组合规律，建立健全有关侦查权的权力运行机制，完善各诉讼参与方参与侦查的具体程序规范，使侦查权在阳光下运行，从而实现侦查权的公正、规范与高效运行。侦查诉讼化对于提升司法公正、制约权力滥用以及保障公民权利有着重要的作用。在以审判为中心的司法改革下，应当促进侦查人员由审问型单轨运行向诉讼化侦查观念的转换，厘清侦查与审判之间的关系，强化“审判制约侦查”和“侦查面向审判”的价值导向和实践引领。申言之，以审判为中心的诉讼模式强调一切证据都必须经得起法庭的检验，这就要求侦查机关必须以审判阶段的证据标准进行调查取证，向法院提供的证据必须能够经得起法庭的检验和质证。也就是说，在证据收集方面，应当以“侦查面向审判”为核心，以兼具规范性、全面性、灵活性为原则，促进侦查人员在调查取证的初始阶段就能依法、详尽、高效地按照证据指引标准将能反映案件情况的各项证据进行收集和固定。

另外，在侦查取证过程中注重保障犯罪嫌疑人一方的程序主体地位。作为对抗侦查权的一种最有效的防御性诉讼权利，侦查阶段律师辩护的介入会大大改善侦查诉讼化的程度，它能够有效地促进侦查程序的控辩平衡，强化人权保障，促进诉讼民主，具有保障侦查程序以及整个刑事诉讼程序依法、科学、民主运行的重要价值。实践中，这就要求侦查人员应当改变犯罪嫌疑人诉讼地位客观化的传统观念，正确把握侦查权力的私权对抗与平衡，切实保护被追诉方的各项诉讼权利。

最后，促进封闭性证据采集向庭审化程序理念的转变。长期以来形成的以侦查为中心主义的诉讼模式，使得公安侦查部门形成了侦查本位主义思想和侦查权力独大观念，“流水作业的纵向构造模式”也使得公安机关的调查取证活动很少受到来自检察机关和审判机关以及辩护律师的制衡和监督，正是上述各种因素的耦合交织造成实践中封闭性证据采集现象的大量存在。事实上，侦查机关无论是对言词证据的获取，还是对实物证据的采集，几乎都采取了一种封闭进行的方式。侦查人员单方面地进行讯问犯罪嫌疑人、询问证人，自行实施勘验、检查、搜查、扣押、查封、冻结等收集证据的行为。在这些侦查活动过程中，侦查人员不仅不受检察官的指导、引导或者指挥，而且也排除了辩护律师参与的机会。[2]这种封闭性证据采集由于缺乏

1 姚莉、黎晓露：《侦查诉讼化模式再解读及其制度逻辑》，载《法学杂志》2017 年第 7 期。

2 陈瑞华：《论侦查中心主义》，载《政法论坛》2017 年第 2 期。

公诉机关的参与和第三方权力的制衡，使得侦查权力非理性地扩张和证据采集方向固化，一方面侦查机关独立自主采集的大量证据由于不符合审查起诉要求和证据标准，造成很多案件不能追诉；另一方面，侦查权力过大而造成的违法取证行为，因非法证据机制的实施而使得大量证据材料被排除在法庭定罪量刑之外，进而在一定程度上造成了司法资源的浪费。

以审判为中心的诉讼模式改革要求法庭审判发挥刑事追诉的终局裁判作用，推动法庭审判的实质化，注重证据裁判规则在事实认定和刑事裁决过程中的核心作用，注重刑事追诉过程中的控辩平衡，所有审前程序中所获取的证据材料，无论是实体上还是程序上都要经得起法庭审查和质证。对此，公安侦查机关应当摒弃侦查本位思想，树立庭审意识、证据意识和程序意识，在侦查服务审判的导向下深入持续改进侦查取证工作。此外，从封闭性证据采集到庭审化程序理念的树立，要求侦查人员改变以往将侦查终结视为完成诉讼活动的观念，在侦查取证过程中规范自身的侦查行为，促使侦查人员树立办案必须经得起庭审检验的思想，切实增强侦查程序的规范化和诉讼化，以高标准要求侦查取证各项工作的开展，严格按照诉讼程序收集各种证据材料，满足案件起诉、审判阶段证明犯罪事实和审查判断证据的需要，经得起法庭庭审质证、辩论和法律的检验。

二、从“由供到证”向“由证到供”证明观的重塑

所谓“由供到证”侦查模式，是指侦查机关根据犯罪嫌疑人的口供中所反映的案件线索来寻找、获取口供之外的其他证据，以完成对犯罪的证明过程的一种侦查模式。“供”是指口供、证言等言词证据，“证”是指刑事诉讼法规定的除口供之外的其他证据。就法理而言，根据对其他证据的掌握程度，由供到证的侦查模式又可以分为纯粹型由供到证的侦查模式和非纯粹型由供到证的侦查模式。[1]在由供到证的侦查模式下，公安机关往往遵循“收集线索→摸排嫌疑人→获取口供→根据口供收集其他证据”的步骤展开调查。申言之，侦查人员首先根据摸排得来的第一信息对重点嫌疑人作有罪推定，进而逼取口供，由供到证“锻造”成以口供为中心的证据“体系”。[2]诚然，受认识能力、司法资源、侦查水平以及现行诉讼构造和证明模式的影响，由供到证的侦查模式有其存在和发展的必然因素。特别是基层公安机关的警力、经费等资源缺乏，以及侦查手段相对滞后，因此以讯问获取口供被视为提高破案率的重要途径，而且在刑事案件初发阶段，通常发现其他证据的困难性要大

1　杨郁娟：《侦查模式研究》，中国人民公安大学出版社，2009年版，第104页。

2　闫召华：《口供中心主义评析》，载《证据科学》2013年第4期。

于获取口供，而依靠口供获取其他证据来查明犯罪事实，可以提高诉讼效率，节省办案资源。[1]在具体的案件侦办中，对于那些流窜性强，又缺少现场和目击证人可供调查取证的刑事案件，“不抓不查”“不破不立”及“口供突破”的“由供到证”模式便成为了经验主义司法下的常规操作。

由供到证的侦查模式虽然有利于促进案件侦办的效率性以及在客观真实观导向下绝大多数案件的正确高效处理。但是，以口供为中心的证据体系以及由此所衍生出的刑讯逼供以及“先抓人，再破案”的办案思路，不仅异化了刑事司法体制，造成冤假错案不断发生，而且口供的不稳定性弊端在庭审实质化和非法证据排除下被无限放大，大量案件证据因程序性违规而被排除在定罪量刑的裁判证据之外，造成司法资源的浪费和法律权威的损害。籍此，应摒弃口供中心主义下“先抓人、后取证”的侦查理念，逐步实现侦查模式从“由供到证”到“由证到供”的转型。

具体而言，首先，淡化“口供中心主义”的执法理论。理念是行动的先导，制度建设依赖于与之相契合的理念。我们不仅需要在规则上进行调整，更应注重侦查人员理念上的革新。如上所述，及时获取犯罪嫌疑人的口供对侦破案件具有非常重要的作用。但对犯罪嫌疑人口供的过于依赖也容易出现刑讯逼供等非法取证情形，一方面会导致口供的真实性发生问题，另一方面即使口供是真实的也可能会因取得方式非法而被排除，从而影响整个证据体系的完整性。因此，公安机关在重视口供的同时，应当坚持全面收集证据，将侦查模式逐步从“由供到证”转到“由证到供”上来。[2]这就要求侦查人员在调查取证办案中不能进行主观臆断，要树立起“重证据、重调查研究、不轻信口供”的侦查观念，改变过去将侦查讯问突破作为办案起点或是单纯依赖口供的做法，将口供获取与侦查措施配合使用，形成科学合理的闭合性证据链条。

其次，促进“粗放型”向“精细化”侦查思路的转变。公安机关应深入持续地改进侦查取证工作，促使“粗放型”侦查取证逐步向“精细化”转变，特别是鉴于客观证据对认定事实之相对准确、不易推翻等优势，侦查阶段收集证据应坚持以实物证据收集运用为主、言词证据为辅，注重对物证、书证、电子证据等客观实物证据的收集提取，同时对侦查讯问过程的合法性以全程同步录音录像等方式进行规制，以确保证据经得起庭审之检验。[3]同时，为适应以实物证据为核心的证据体系的发展，还应当重塑实物证据的保管理念，在证据鉴真规则基础上构建证据保管链条体系。

---

1 李品：《公安机关“由供到证”侦查模式的制约》，载《山西省政法管理干部学院学报》2010年第2期。

2 孙运利：《“以审判为中心”对公安刑事侦查工作的影响及应对》，载《山东警察学院学报》2018年第1期。

3 谢波：《以审判为中心视野下公安刑侦工作的问题及其改革》，载《长白学刊》2017年第1期。

实物证据保管链条，是指负责保管证据的人员，从证据收集到证据最终被处理期间，按时间顺序持续记录证据被收集、转移、存放、使用、处理全部环节的证明文件所反映的证据流动路径。司法实践中，电子证据从收集固定到最终提交法庭，大多要经历收集、运输、保管、鉴定等多个环节，而任何一个环节的不规范操作都可能影响到电子证据的同一性和真实性以及导致证据鉴真规则下的程序性制裁。因而，在侦查理念的转型过程中，不仅要强调实物证据发现和收集行为的规范性与合法性，同时还应通过保管技术、保管场所以及保管记录的规范化建设，构建科学合理的实物证据保管链条体系。

最后，树立"智慧公安"和"数据警务"的侦查执法观念。为弱化对口供的过度依赖，改变基层公安机关"三板斧"（拉网式摸底排查—满天飞追捕抓人—长时间高强度审讯）的传统侦查模式，应当加大刑事侦查科学技术的投入，运用先进的侦查手段去发现犯罪和证明犯罪。理念是行动的先导，使用大数据、信息化手段进行侦查必将带来理念方面的变革。对此，应当树立数据主导的侦查理念，促进被动型侦查向主动型侦查，以及因果关系逻辑向相关关系逻辑的转变，即侦查人员应当树立开放的侦查思维及数据主导侦查的办案理念，在大量获取并且有效分析与犯罪主体密切相关的数据信息的基础上，将刑事侦查的突破口从讯问犯罪嫌疑人转移到以大量数据为依托的各种类型的侦查技术的应用上来，促进刑事侦查工作从多个方面得以展开。[1] 同时，具体的侦查路径中，还应当在"智慧公安"导向和"数据警务"引领下，探索构建基于人脸识别、动态轨迹以及图像分析的信息辨识、信息比对、信息重构、信息辐射四位一体的视频监控图像侦查应用系统，建设"云上公安、智能防控"的警务云综合大数据平台系统，设立基于主动"预测、预警、预防"的犯罪态势智能分析研判系统，推进"合成作战"运作下各部门共享"信息池"的发展完善。

三、从"实体公正"向"程序正义"价值观的转型

侦查中心主义的诉讼模式，在很大程度上往往仅片面强调打击犯罪以及追求客观真实和实体公正。然而，从逻辑关系上来讲，案件实体公正只是司法公正的一种静态描述，其本身的有效性是无法自动产生的，这时必须依靠一种结果之外的动态描述使人们在公正、公开的程序中一步一步感受到来自司法的公正并最终认同接受实体上的公正。也就是说，真正意义上的公正是在"一般人可以看到正义正在实现"的程序中得到诠释，对"正义已经实现"进行证明、限制和补充，看得见的正义才

1　杨婷：《论大数据时代我国刑事侦查模式的转型》，载《法商研究》2018 年第 1 期。

是真正的正义。[1] 借此，在以审判为中心的诉讼模式改革下，应促进侦查人员从实体公正向程序正义的转型。

具体而言，首先，促进客观真实向程序真实价值观的转变。客观真实（实质真实）是指在诉讼中所要揭示的已发生案件的真实情形，是诉讼的理想化目标。古希腊哲学家赫拉克利特曾说过："人不能两次踏进同一条河流。"凡事皆不可能以完全相同的情形发生两次，案件也是如此。任何已发生的案件都不可能再一次重演，即使亲身经历某一案件的全过程，也不可能将每一细节完整地复述与还原，而只能尽可能地无限接近案件的真实情况。程序真实是指依据人为设定的程序规范而推定和还原出案件事实，亦为程序意义上的真实。案件事实的初步认定主要是根据与案件相关的证据对案件的事实进行合乎逻辑的推演而得出的，随后再依据程序规范对案件事实进行最终的认定。但无论是案件事实的推演还是刑事诉讼程序的设定，都是建立在人自身的认知与经验的基础之上，故而事实的推演以及程序的设定都存在主观性和局限性，例如，人不可能完全消除情感的掺杂，有人为因素掺杂其中。因此，刑事案件办理中，诉讼的构造和运行至多只能实现程序真实。借此，在侦查实践中，应促进侦查人员由客观真实向程序真实价值观的转变，即程序真实与实质真实二者发生冲突时，应坚持程序正义优先原则，通过程序机制规避实体问题上的纷争，同时避免以牺牲程序为代价而追求实质真实。

其次，促进从暗箱操作的潜规则向公开透明的执法观的转变。公开和透明是司法公正的保障，而暗箱操作则是职权滥用和司法腐败的重要诱因。然而，公安司法实践中，大量存在并不为正式法律制度所确认，并在书面法律规则中还属于被禁止的和被宣告为违法的潜规则。更为严重的是，大量潜规则却实际主导着司法制度的运行实践，参与司法制度运作的各方也对这些规则"心领神会"，并"心照不宣"地按照这些规则行事。[2] 刑事诉讼法中制定程序性规则的目的是为了保障公检法部门秉持公平、公开、公正的原则正确行使执法权、检察权、审判权。由于暗箱操作可以省去大量程序上烦琐的操作，省时省力，因而警察、检察官与法官往往有意无意地选择违反诉讼程序规定而联合进行暗箱操作。但是，暗箱操作由于省去了法律认为必要的程序，从而可能导致假案、错案的产生，严重影响司法公正。暗箱操作的行为属于程序性违法，有违法律的内在精神，该行为的产生正是源于没有使权力在阳光下运行，缺乏公众的监督以及对诉讼程序规则的规避与架空。一旦缺乏规则的牵制与外部的监督就会使得权力无限扩大，刑事诉讼程序因此而无法得以实现，公检法部门的程序性违法行为方可得以实施，从而导致了职权滥用与司法腐败。对此，

1 刘卉：《侦查法治的理念与实现路径》，载《中国人民公安大学学报（社会科学版》2016年第2期。

2 陈瑞华：《程序性制裁理论》，中国法制出版社 2004 年版，第 50 页。

应促进侦查人员从暗箱操作的潜规则向公开透明的执法观的转变，这就要求公安司法人员在侦查取证活动中认真落实程序公正等要求，并习惯于“镜头下执法”和在社会公众监督下办案，以此获得社会支持以及在公开公正执法程序中提高司法公信力。

最后，促进查明事实的办案观向证明事实的程序观的转变。在司法活动中，查明与证明是一对存在逻辑关系的概念，同时也容易使人将此二者概念混淆。所谓查明，是指通过一系列的调查与分析，明确案件事实的真伪。所谓证明，是指将已查明的有关事项通过证据的列举与逻辑的串联予以表达，使人对其清楚、明白。[1]从概念上即可见查明与证明之间的关联。第一，查明与证明有着明显的时间先后顺序，先有查明，再有证明。第二，查明的目的是使自身明确，而证明的目的是使他人明白。第三，查明只是主观方面的认定，具有主观性，若无法律认可及令他人信服的证据，故即使查明亦不意味着一定能够证明。毫无疑问，证明比查明的难度更大，查明是以破案为目的，证明则要求在法律程序规则下进行证据的采集、固定和质证。因而，在证据的调查取证过程中，应提高侦查人员的证据观念和程序意识，促进查明事实的办案观向证明事实程序观的转变。

四、从“犯罪控制”向“法治侦查”办案观的转型

现代诉讼学说的观点认为，刑事诉讼应首先以发现案件真相为价值追求，但却不能作为唯一的价值追求，它必须与其他社会价值如诉讼效率、人类尊严、权利保护等需求之间达成一种平衡，而这些价值追求可能会对真相的发现起到一定程度的牵制甚至是反方向的限制，但这就是法治的基本要求。[2]作为刑事诉讼重要程序之一的侦查阶段同样也应当体现出这种多元的价值取向，侦查权的运行必须是在一种法律有效控制的状态下展开。然而，刑事侦查在我国被视为犯罪追诉的重要措施，更多体现的是以犯罪控制为主导下的政治考量、权力本位和效率追求。在这种侦查价值观的引导下，运动式执法、“审问型”诉讼模式以及由此带来的刑讯逼供、羁押率畸高、侦查“绑架”审判等现象频出并在很大程度上违背了法治侦查的基本理念。

公安机关是代表政府实施社会管理的一个重要力量，侦查人员的执法能力和执法素养直接反映了一国的法治化程度和国家治理水平。因而，侦查人员应当树立以法治思维为核心的刑事执法思维方式，运用法治思维阐释社会现象、校正执法理念，

1　何家弘：《从侦查中心转向审判中心——中国刑事诉讼制度的改良》，载《中国高校社会科学》2015 年第 2 期。

2　刘卉：《侦查法治的理念与实现路径》，载《中国人民公安大学学报（社会科学版）》2016 年第 2 期。

实现由政治思维、道德思维、权力思维、经济思维向法治思维方式的转变。对广大侦查人员来说，选择、树立和培育法治思维就是建立一种职业的思维方式，即要求在刑事侦查工作中将法治的诸种要求运用于认识、分析、判断和处理问题的过程中，注重法律至上，权利本位，程序正当和公平正义。

首先，树立“法律至上”的侦查思维。社会主义法治文化的培育对国家的政治进步、经济发展、社会和谐、法治昌明具有根本性的指引作用，是全面贯彻落实依法治国方略和推进社会治理现代化的当务之急。然而，法治文化培育的关键在于法治思维的养成，法治思维的养成关键则在于树立宪法法律至上的理念。[1] 申言之，侦查法治思维首先是一种宪法法律至上的思维，其要求侦查人员在执法办案中，必须时刻牢记人民授权和职权法定，必须严格遵循法律规则和法律程序，必须切实保护人民和尊重保障人权，必须始终坚持法律面前人人平等，必须自觉接受法律的监督和承担法律责任。可见，侦查法治思维在本质上有别于传统的道德思维和权力思维，强调宪法法律在社会调控体系中的至上性和排他性，即当道德、舆论、伦理、习惯等因素与宪法法律发生冲突时必须按照法治的要求而非其他要求来选择自己的行为。

其次，树立客观理性的思维。坚持法治思维的过程本身就是倡导理性思考的过程，是一种讲究修辞论辩、逻辑推理和解释技术的思维方式。拉德布鲁赫指出：“法律职业人的工作是一种理智的工作，它通过概念的条分缕析来调整混乱模糊的人际关系。”[2] 侦查人员作为维护社会秩序的执法者，必须注重缜密的逻辑，谨慎对待“情”“理”等非理性因素对执法的影响。虽然法治思维并不绝对排斥情感因素，但它与政治思维、道德思维、宗教思维的情感倾向有着严格的界限。法律判断是以事实与规则认定为中心的思维活动，因此法治思维首先是服从规则而不是听从情感。法律学家也拥有情感并捍卫情感，但是都需要在法律规则的范围内，在法律术语的承载下谨慎地斟酌涉及情感的问题。

可以说，法治思维不是追求“善”的境界，而是探求“真”的艺术。因而，侦查人员在执法办案中必须克服某些情感评判，不能以同情、民愤、有理来代替法律上的理性思考。古人云，“兼听则明”，作为执法者的侦查人员应当听取包括民意在内的各方意见，但不得将程序之外的带有情绪色彩意见作为评判的依据和标准。马克思·韦伯在《经济与社会》一书中提出，被支配者并非总是从算计和功利角度服从支配者，其服从还源于深层的精神因素，即相信统治者存有某种“合法性”。这就要求侦查人员在行使权力时必须克服情绪化、感情化的非理性倾向，坚持以法

1 江必新：《法治思维——社会转型时期治国理政的应然向度》，载《法学评论》，2013 年第 5 期。

2 ［德］拉德布鲁赫：《法律智慧警句集》，中国法制出版社，2001 年版，第 132 页。

律规范和案件证据作为执法依据，最大限度地保证刑事执法活动的精确性和可预期性，以不断增强社会公众对政府的信任和公权力行使的合法性。

最后，树立人权保障的观念。现代社会法律关系从本质上而言是一种契约关系，即政府权力来自于人民权利的让渡，来自于人民通过社会契约的委托和同意。政府权力存在的目的和功能在于更好地保护个人的合法权利，如果无法保护甚至侵犯个人权益时，政府与人民之间的契约便会自动失效，政府权力的合法性也将不复存在。因而，树立侦查人员法治思维首先应当端正认识，即公安机关及其侦查人员的权力是从人民那里得到的，其目的是运用权力为人民服务，也就是要从根本上保障全体公民的各项权利。具体而言，这就要求侦查人员必须从思想观念上破除权力本位和管控思维的影响，正确处理集体和个人的利益关系，树立个人利益保障优先的指导思想，并将尊重和保护人权内化为自己的职业良知、职业追求和职业责任。

在刑事侦查实践中，个别公安民警一直将自己定位于“社会的管理者”，强调运用权力管理他人，将手中权力曲解为对百姓的“管、卡、压”，存在目的和手段严重错位的现象。近年来，许多案例说明个别执法者人权保护意识的淡薄，一味地将破案结果作为最终的执法目的，为此甚至不惜以侵犯人权作为手段。因而，在全面推进依法治国的进程中，公安民警应尽快从“权力本位”的传统观念转化为“权利本位”的法治思维，正确处理手段和目的的关系，将人权保障作为公安执法活动的根本要求和最终归宿。

综上所述，我们正处在一个秩序重构、价值更替、文明再生的社会转型期，“单位人”逐渐转变成为“社会人”，“熟人社会”逐渐过渡走向“陌生人社会”。社会急剧转型的过程同时也是矛盾集中爆发的过程，公安机关在面对各种矛盾问题时如果处理不当，就可能引起社会公众对公权力运行权威性和合法性的质疑，进而导致公安机关信用危机被无限放大。面对这一困局，只有将法治侦查思维内化为公安执法人员的一种自觉意识，树立法律至上、程序正义、人权保障、公正平等的执法理念，并将其转化为内心信仰进而指导和规范具体的执法行为，才能更好地履行法定职责和维护法律的权威与尊严，才能更为有效地保障依法治国的全面推进和国家治理现代化的不断提高。

将理论研究作为警察协会发挥新时代警务智库作用的着力点

——关于警察协会发挥智库作用的几点思考

宋 巍*

摘 要：中国特色新型智库建设进入新时代。警察协会作为公安民警的社团组织，做好公安理论研究工作，成为警察协会发挥智库作用最直接、最现实的切入点和落脚点。做好理论研究工作，就必须牢固树立理论研究的责任担当，准确把握理论研究的正确方向，努力推动理论研究的创新发展，充分形成理论研究的强大合力，展现警察协会的作用和价值，努力打造理论储备、决策参考、成果共享的智库平台。

关键词：警察协会 警务智库 公安理论研究

2012年，党的十八大报告中首次出现关于“思想库”的阐述。2014年，党的十八届三中全会明确提出了“智库”的概念。2015年，中共中央和国务院联合印发《关于加强中国特色新型智库建设的意见》。自此，“中国特色新型智库”的概念不断跃然纸上，变得耳熟能详。党的十九大报告中，再次明确“构建中国特色哲学社会科学，加强中国特色新型智库建设”的要求，开启了中国特色新型智库建设的新时代。2015年9月，公安部党委顺应时代发展，率先建立了公安发展战略研究所和现代警务改革研究所两所部级智库，对新时代公安工作发展具有重大意义。2017年年底，笔者有幸参加由公安发展战略研究所举办的首届城市警务论坛，第一次切身地接触和感受到了警务智库的作用和力量，也对警察协会如何发挥警务智库作用进行了积极的思考。

警察协会作为公安民警的社团组织，具有社会性、民间性、行业性的特点，与党的十九大提出的智库应具有“独立性、非营利性、公正性、客观性”的要求相一致；警察协会的宗旨是为公安工作和队伍建设服务，与警务智库建立的初衷相契合。公安理论研究是警察协会的重要职能，同时也是警务智库服务公安工作最核心的内容和最直接的体现。从这些方面看，警察协会虽然不能完全替代警务智库，但就其自

* 宋巍，辽宁省警察协会政治协理员、理论研究部负责人。

身的职能特点和辅助决策的作用而言，已经具备了一定的警务智库方面的功能，而做好公安理论研究工作，就成为警察协会发挥智库作用最直接、最现实的切入点和落脚点。

一、明确职能定位，牢固树立理论研究的责任担当

新时代警务智库应该是人才库、信息库、成果库、思想库的统一整合。2017年，辽宁省公安厅按照公安部“战、学、研”一体化的有关要求，积极整合了辽宁公安理论研究力量，推动实战、教学和理论研究队伍共建、优势互补、相互合作、协同发展，建立了省厅、警察协会和公安院校联合开展公安理论研究工作的协作机制，明确联合举办公安论坛和理论研讨会，联合组织公安理论人才培训，联合开展公安课题调研攻关，联合评选、推荐、应用理论成果，已经具备了警务智库的雏形。

我国正经历着历史上最为广泛而深刻的社会变革，公安工作也面临着前所未有的复杂形势和严峻挑战。这种新形势和新挑战，必将给理论创造、学术繁荣提供强大动力和广泛空间。习近平总书记指出，中国特色社会主义进入了新时代，这是一个需要理论而且一定能够产生理论的时代。我们不能辜负了这个时代。同样，公安工作站在了新的历史起点上，也需要崭新的理论为破解难题提供支撑，为辅助决策提供参考。警察协会作为公安机关党委领导下的社会团体，作为公安机关重要的组成部分，必须承担起历史赋予的责任和使命，积极推进公安理论研究，发挥好智库作用，为各级公安机关党委提供理论支撑和智力支持。既是警察协会的重要职能，也是每一位理论工作者的共同使命，不仅责无旁贷，应有所为，而且必须凝神聚智，大有所为，更好地展现警协的作用和价值，努力打造理论储备、决策参考、成果共享的智库平台。

二、强调思想引领，准确把握理论研究的正确方向

公安理论研究是公安工作的先导，也是公安实践的基础，只有保持理论研究的方向，才能保证工作实务的立场。

（一）始终坚持牢记宗旨、政治坚定。以习近平新时代中国特色社会主义思想引领和指导理论研究工作，把实现好、维护好、发展好最广大人民群众根本利益作为理论研究的出发点和落脚点，秉持“人民在我心中”的研究宗旨，树立服务公安工作的研究理念，将“四个意识”“四个自信”要求根植于调查研究，以更高的站位、更深的思考、更广的视角谋划和推动公安理论研究，保持理论研究工作的良好势头和正确轨迹。

（二）始终坚持围绕中心，服务大局。自觉把公安理论研究置于维护国家安全和社会稳定的大局下来谋划，放在服务辽宁经济社会发展和促进公安事业发展的层面来研究，围绕牵动全局、涉及长远的大事，围绕服务决策、指导发展的要件，围绕各级关注、亟待解决的焦点，保持敏锐头脑，关注形势发展变化对公安工作和队伍建设产生的影响，积极探索顺应时代发展，具有辽宁特色的公安理论。

（三）始终坚持聚焦主业，统筹发展。积极回应公安实践新要求、社会治理新需要和人民群众新期待，坚持问题导向和实践导向，不断在深化整体设计、创新管理模式上取得调查研究的新成果，找准理论研究与服务公安工作、服务发展全局的结合点，确保理论研究准确切入。当前，必须把理论研究与公安大数据战略、“四项建设”、社会治理现代化、服务营商环境、扫黑除恶等一系列重点工作结合起来，提出富有建设性、创造性、可操作性的意见和对策。

三、不断开拓进取，努力推动理论研究的创新发展

随着时代的发展，公安工作面临着越来越多的新变化、新问题、新要求和新挑战，需要理论指导公安实践做出准确的回答与应对。

（一）立足于“先”，展现前瞻性。公安理论是指导当前和今后一段时期工作实践的依据，研究的是当下，瞄准的是未来。只有不断强化战略思维，把目光看得更远一些，视野放得更广一些，力争研在实践之前，谋在发展之端，才能推动公安工作的创新发展；只有不断增强见微知著的能力，密切关注苗头和倾向性问题，追根溯源，找准问题的本质和根源，力求思考在先，研判在前，才能确保公安工作的健康发展；只有不断增强对客观发展规律的认识，有机地将当前实际与未来发展相结合，将客观情况与主观判断相结合，充分预见未来可能出现的新情况、新问题，进而提前开展可行性研究，才能确保公安工作的可持续发展。

（二）立足于“新”，呈现创新性。创新是引领发展的第一动力，创新让理论充满生机和活力，只有注重创新，才能使公安理论发挥效能，体现价值。我们必须用新眼光去发现新情况，用新观念去谋划新思路，用新思维去研究新问题，重点把握研究方向与政治导向的统一，突出抓好基础理论与应用创新的提升，特别注重理论成果与指导实践的转化，有效做好自身挖潜与学习借鉴的结合，在已有研究成果的基础上，创造性地开展理论研究工作，“跳出公安看公安”“走出当地看全国”“立足当前看未来”，积极应对出现的新形势、新变化和新情况，从而打造新亮点、实现新突破。

（三）立足于“实”，体现实践性。公安理论研究的目的就在于服务公安工作，转化为现实公安工作战斗力。既要深入基层扎实做好调查研究，找准问题，又要听

取地方党委政府和人民群众对公安工作的建议和需求；既要从个性问题入手，捕捉到共性问题的信息和特点，又要对显性问题研究剖析，挖掘出隐性问题的源头和本质；既要围绕公安部、省厅党委确定的重大课题，着眼于抓好事关全局和长远的战略性研究，又要紧扣当前，做好队伍管理、业务指导、危机应对等关乎当下的针对性研究，为公安工作形成一批前瞻性、规律性、现实性较强的理论研究成果，为公安理论和国家治理理论的进步贡献智慧，为全面推进依法治国贡献力量。

四、积极吸收借鉴，充分形成理论研究的强大合力

推动公安理论研究的发展和繁荣，就必须形成公安理论研究合力。

（一）在研究力量上整合共享。既要立足于内部资源，依托省厅、警察协会和公安院校联合开展公安理论研究工作的协作机制，用好公安机关内部的研究骨干；又要发挥警察协会社会性、民间性的独特优势，强化推进与相关社会组织、研究团体及专家、学者的学术交流和业务合作，团结、联系社会各界为公安理论研究工作提供最广泛的人才支撑，积极创建省级公安理论人才库和研究员队伍，将其作为加强公安理论研究的基础工程，助力公安工作长远发展的实际举措予以重点推进。

（二）在成果运用上求得实效。理论研究一半在“研”一半在用。理论文章的撰写都倾注了作者的调查和实践、智慧和心血；每次交流研讨的成果都凝聚着大家的总结和思考、交流和碰撞。警察协会应归纳分类，认真研究，将各项理论成果更加广泛传播，积极推动各级公安机关和警种部门完成理论成果的转化和应用，找准理论与实践的结合点，将研究成果的外循环转化为公安发展的内动力，体现出应有成效。只有完成理论成果的转化，使其进入到党委决策、进入到公安实战，调查研究才真正发挥了作用，体现了价值。

（三）在学习交流中借鉴提高。警察协会应该发挥交流广泛的特点，利用举办理论研讨会等时机，将外面的专家学者请进来，利用参与学术交流的有利条件，带着问题走出去，并通过警协刊物、征文活动等吸收借鉴来自各方的先进理念和有益经验。同时，积极为公安机关搭建学习交流的平台，广泛学习借鉴各地的典型做法和先进经验，将其成果为我所学，为我所用，借力前行，致力发展。

一直以来，公安理论研究相对薄弱，公安实践中遇到的许多问题亟须我们在理论层面作出回答和解读，警察协会必须进一步发挥特有优势，依托多方资源，借助各方智慧，为公安理论研究做出突出的贡献。同时，积极争取各级公安机关、各方专家学者对我们的重视、关心和支持，让他们参与到公安理论研究工作中来，愿意为我们提供优质的调研环境和鲜活的研究素材，共同撰写好促进公安事业发展的这篇大文章。

《城市警务研究》丛书征稿启事

《城市警务研究》丛书由公安部公安发展战略研究所城市警务研究中心编辑，中国人民公安大学出版社公开出版发行，江苏省苏州市警察协会提供各方面支持。

《城市警务研究》丛书创意于首届全国城市警务智库建设论坛，秉承《首届全国城市警务智库建设论坛合力推进新型城市警务智库建设倡议书》宗旨，以党的十九大精神和习近平新时代中国特色社会主义思想为指引，高度重视新型城市警务智库建设，聚焦新时代警务发展大局，致力于城市警务研究成果的发表和共享。丛书主要刊载现代警务战略、城市安全管理、警务改革探索、警察队伍管理、警务智库建设等方面的研究论文，热烈欢迎各级各地公安民警，尤其是警务智库、警察协会的研究人员和政法公安院校的专家学者赐稿！

《城市警务研究》投稿格式要求：

一、投稿须提交 Word 文档电子文本，发送至电子邮箱 suzhoushijcxh@163.com，可同时提交 Word 文档纸质文本，邮寄或快递至江苏省苏州市姑苏区竹辉路 298 号 2 号楼 2 楼苏州市警察协会，陈玲收。邮编：215006，联系电话：0512-67786658。

二、标点符号均按照新版国家标准 GB/T15834—2011《标点符号用法》使用。

三、文章一级标题序号用“一、二 ……”，二级标题序号用“（一）、（二） ……”，三级标题序号用“1. 2.……”。

四、注释一律使用脚注，每页重新编号，编号格式为“1、2……”，序号在引述内容之后。书籍引用，依次标明注号、著者、书名、出版单位、出版年、版次、页码。报刊引用，依次标明注号、作者、篇名、报刊名、年代卷次（版次）、出版日期。

五、本丛书内容会提供给相关数据网站，以便读者检索、引用。投寄本丛书稿件，视为作者同意此约定。

六、来稿需写明作者姓名、工作单位、职务职称、通信地址、邮政编码、手机号码、电子邮箱。